岭南师范学院实践教学丛书

◎丛书主编　程可拉　周立群

LINGNAN SHIFAN XUEYUAN
JIAOYU SHIXI SHOUCE

岭南师范学院
教育实习手册

主编　周立群

华中科技大学出版社
http://www.hustp.com
中国·武汉

图书在版编目(CIP)数据

岭南师范学院教育实习手册/周立群主编.—武汉:华中科技大学出版社,2014.9(2022.9 重印)

ISBN 978-7-5680-0357-5

Ⅰ.①岭… Ⅱ.①周… Ⅲ.①教育实习-师范大学-教学参考资料 Ⅳ.①G652.44

中国版本图书馆 CIP 数据核字(2014)第 191850 号

岭南师范学院教育实习手册 周立群 主编

策划编辑:张凌云

责任编辑:史永霞

封面设计:龙文装帧

责任校对:李 琴

责任监印:朱 玢

出版发行:华中科技大学出版社(中国·武汉) 电话:(027)81321913

武汉市东湖新技术开发区华工科技园 邮编:430223

录 排:华中科技大学惠友文印中心

印 刷:武汉市籍缘印刷厂

开 本:880mm×1230mm 1/16

印 张:8

字 数:262 千字

版 次:2022 年 9 月第 1 版第 9 次印刷

定 价:19.00 元

目录

第一部分

教育实习基本要求

JIAOYU SHIXI JIBEN YAOQIU

岭南师范学院教育实习工作一般流程

<table>
<tr><th colspan="2">进　程</th><th>内　容</th></tr>
<tr><td colspan="2">实习准备
(一般在实习的前一学期完成)</td><td>1. 成立学校和二级学院教育实习工作小组。
2. 二级学院审查实习生资格,制订各专业实习计划。
3. 二级学院加强实习基地建设;根据人才培养方案,落实与基地学校共建课程事宜,设计课程方案(课程目标、课时、课程内容、教学方式、考核要求等)。
4. 各专业落实实习学校、实习班级和具体实习任务。
5. 各专业成立实习小组和备课小组,并填写相关表格。
6. 有计划、有针对性地开展备课、讲课和评课的实训,考核个性化实习的实习生校内试讲成绩。
7. 对实习生进行政治思想、教育情怀与道德法纪再教育,召开实习动员会。</td></tr>
<tr><td rowspan="3">实习学期</td><td>观摩见习(2周～4周)</td><td>8. 根据实际,调整和完善与基地学校共建的课程方案,并开始备课。
9. 实习生了解实习学校整体情况及相关规章制度,通过与校外指导教师(包括实习学校为实习生安排的学科指导教师和班主任工作指导教师)的交流,初步掌握实习班级情况。
10. 实习生开展教育教学观摩学习,在指导教师指导下开展教学备课、试讲。
11. 实习生编写教学实习工作、班主任工作、教研工作等计划。</td></tr>
<tr><td>教育教学实习</td><td>12. 开展教学实习和班主任工作实习。
13. 实习队(组)建立例会和评课制度,进行教学汇报或展示公开课。
14. 参与学校教育教学研究活动,独立完成教育研习类作品的撰写。
15. 做好个人和小组总结,填写自我鉴定和小组鉴定。
16. 做好实习成绩评定、实习鉴定,填写实习鉴定表和实习生综合能力评估表等表格。
17. 完成共建课程的学习与考核。</td></tr>
<tr><td>学院总结(约3周,可以在实习学校,也可以返校)</td><td>18. 汇总实习生实习日志、实习教案、主题班会设计方案、教育研究类文章等材料,交各学院存档。
19. 做好个性化实习学生的实习验收工作。
20. 做好实习成绩评定,优秀实习生和优秀实习指导教师等的推荐和实习总结。
21. 报送实习总结、实习鉴定表、优秀实习生材料等到教务处实践教学管理科。
22. 实习经费的报账:各学院将有关有效票据按财务处的要求分类整理,先交教务处实践教学管理科审核,再到财务处审核、报账。</td></tr>
<tr><td colspan="2">实习总结与表彰(一般在实习后的第二学期)</td><td>22. 实习经费的报账:各学院将有关有效票据按财务处的要求分类整理,先交教务处实践教学管理科审核,再到财务处审核、报账。
23. 召开实习总结和表彰大会。</td></tr>
</table>

岭南师范学院教育实习管理办法
（2020 年修订）

第一条　为规范我校实践教学，不断提高教育实习质量，培养具有扎实的学科专业知识、突出的教育教学能力、深厚的教育情怀的高素质中小学教师，根据《教师教育课程标准（试行）》、《小学教师专业标准（试行）》、《中学教师专业标准（试行）》《教育部关于加强师范生教育实践的意见》和《岭南师范学院关于创新人才培养模式的意见》等文件精神，特制定本管理办法。

第一章　教育实习的地位、作用、目的和任务

第二条　教育实习的地位、作用

教育实习是高等师范院校人才培养计划的重要组成部分，是教师教育贯彻理论与实践相结合原则的体现，是深化课堂教学的重要环节，是学生学习教师专业知识、培养教师职业技能和独立从事教育教学工作能力的重要途径，是教师专业发展的必由之路，对于不断增强学生服务国家、服务人民、投身教育事业的社会责任感、勇于探索的创新精神、善于解决问题的实践能力，具有不可替代的重要作用。此外，教育实习能全面检验我校的教育教学质量，促进我校的教育教学改革。

第三条　教育实习的目的和任务

（一）学科教学实习。在指导教师指导下，根据课程标准的要求和本门课程的特点，结合学生实际，设计与实施教学方案，获得对学科教学的真实感受和初步经验，熟悉学科教学的全过程，初步掌握从事学科教学工作所应具备的知识、技能和技巧。

（二）班主任工作实习。在指导教师指导下，参与指导学习、管理班级和组织活动，获得与家庭、社区联系的经历。初步掌握制订班级工作计划，开展主题班会、团队活动、课外活动及个别教育等中小学学生工作的能力。

（三）教育研究实习。在教育实习过程中，参与各种教研活动，获得与其他教师直接对话或交流的机会，获得科学地研究教育教学的经历与体验；整合平时学习和实践过程中积累的所学所思所想，形成问题意识，培养反思能力；运用研究教育实践的一般方法，经历和体验制订教育研究计划、开展教育研究活动、完成教育研究报告、分享教育研究结果的过程。

（四）师德及专业思想培养。通过教育实习，学生能加深对中小学教育教学现状及改革发展趋势的了解，加强对教师职业的认识和理解，培养学生服务国家的社会责任感、勤于实践的工作态度、善于合作的协同意识、乐于奉献的教育情怀和勇于探索的创新精神。

第二章　教育实习的工作步骤、内容和要求

第四条　教育实习的安排

（一）实习工作一般安排在第七学期进行，实习时间为 1 个学期（如特殊情况应报教务处审批）。教育实习过程包括实习准备及动员、观摩见习、学科教学实习、班主任工作实习、教育研究实习、教育实习总结等六个相对独立又相互融合的环节。

（二）实习组织形式。教育实习由学校集中组织。其组织形式分为集体实习和个性化实习两种。整个实习过程由二级学院组织、管理、监评，教务处指导、检查、监督、评价。

集体实习分为两种情况：一是指二级学院在同一实习学校学习的学生 15 人以上（音美等部分特殊专业可

根据实际情况调整人数)，并安排了(校内)指导教师[①]驻校[②](驻点[③])或远程全方位、全过程指导、管理实习生的实习形式;二是指混合编队，即学校多专业在同一实习学校实习的形式。混合编队超过15人的实习学校，由教务处负责安排带队教师[④]进行实习生实习工作管理(具体见后文“带队教师”工作职责)，具体实习内容由各相应二级学院指导教师远程全方位、全过程指导。个性化实习是在实习学校人数不足10人的实习形式。主要有顶岗实习、支教实习等形式，学校或二级学院根据实际情况可安排带队教师，一般不安排驻校(驻点)指导教师。无论是集体实习还是个性化实习，各二级学院都必须落实双导师制，确保每个实习生配备一名校内和校外指导教师，根据学校教育实习要求，全过程、全方位对学生的实习进行指导和管理。

第五条　教育实习的准备工作

(一)各二级学院成立实习工作小组(具体见本条例第十三条)，制订教育实习工作计划;组织实习工作小组成员及指导教师学习教育实习相关文件;了解基础教育课程改革与发展现状，熟悉与本院各专业培养目标相对应的中小学(教师教育)学科教学最前沿的知识和社会对未来教师的要求，联系教育实习基地，商洽、落实实习单位及其他教育实习具体工作。

(二)审查实习生资格条件。

1.学生必须符合以下条件方具备实习资格:

(1)思想品德合格;遵纪守法，虽有违纪情况，但能积极改正的。

(2)按人才培养方案已修读的学科基础课程和专业基础课程，每门课程成绩在60分以上。

(3)按人才培养方案已修读的教师教育类必修课程合格。

(4)身心健康。无明显的心理问题和沟通障碍，无重大疾病，胜任教育实习工作。

2.下列情况不能批准参加个性化教育实习:

(1)经二级学院实习工作小组确定，平时自由散漫、纪律观念较差。

(2)按人才培养方案已修读的学科基础课和专业基础课程，平均成绩低于80分。

(3)按人才培养方案已修读的教师教育类必修课程，平均成绩低于80分。

(4)经二级学院实习工作小组确定，沟通和合作能力较差或性格较为封闭内向或自我规划和学习能力较低。

(三)实习生根据自身实际情况，经二级学院审批后选择集体实习或个性化实习，登录教务处教育实习网站填报相关信息。

(四)各二级学院以实习专业为单位，向教务处报送教育实习计划。教育实习计划的内容主要包括:实习目的、实习工作小组及分工、实习工作任务及内容、实习工作进度安排。同时，附上实习学生名单及相应实习单位、实习生及校内实习指导教师的联系方式。

(五)各二级学院组织教师指导实习生在校内进行有针对性的试讲，强化实习生实习前专业知识学习、专业技能训练和职业道德培育。

(六)各二级学院根据校内试讲及训练情况，评定实习生校内试讲成绩，此成绩占实习总成绩的20%。

(七)各二级学院召开实习动员大会，学习学校、学院有关教育实习的规章制度，强调教育实习的注意事项，学院与实习生签订实习安全责任书，实习生开赴教育实习单位。

---

① (校内)指导教师指的是代表岭南师范学院，具备指导师范生教育实习资格的专业教师。既可以是岭南师范学院在职或返聘的高校教师，也可以是经过相关培训合格后由岭南师范学院外聘的兼职中小学优秀教师。带队指导教师必须全程带领实习生开展校外教育实习活动。

② 驻校指的是(校内)指导教师驻守在某一实习学校，并负责该校实习生的指导和管理。

③ 驻点指的是(校内)指导教师驻守在某一实习学校，并负责该校及邻近若干实习学校实习生的指导和管理。

④ 带队教师指的是受学院或学校委托负责与实习基地联系，落实具体实习事宜、管理实习生实习工作的校内管理教师。学科教学法教师原则上必须担任带队教师。

第六条 观摩见习

(一)听取实习学校组织的有关报告,了解实习学校和当前基础教育改革的基本情况。

(二)观摩和熟悉教学工作。

1. 观摩学科指导教师讲课。听学科指导教师和其他有经验教师的讲课,参与辅导学生,了解学生学习情况,了解中小学课堂教学的规范与过程,感受不同的教学风格。

2. 观摩教研活动。参与实习学校教研组组织的示范课、公开课及其他教研活动,邀请实习学校经验丰富的教师举行各种类型的示范课或介绍教学经验。

(三)观摩和熟悉班主任工作。

深入班级或其他学生组织,了解中小学班级管理和学生活动的内容和要求,获得与学生直接交往的体验。

观摩前要认真研究有关活动的目的、任务和采取的方式方法,观摩后要进行深入分析讨论,吸取经验。

(四)深入中小学校,了解中小学校的组织结构与运作机制。

上述各项观摩活动,原则上应在进校实习的第一周内进行,也可以根据实习单位具体要求做出适当调整。

第七条 教学工作实习

(一)学科教学实习。

1. 课堂教学实习是教育实习的中心环节。语文、数学和英语学科的实习生完成本学科至少 12 个不同教学内容的课堂教学,其他科目完成至少 8 个不同教学内容的课堂教学。

2. 备课是进行课堂教学的基础。实习生应在指导教师的指导下,认真备课试讲;经指导教师同意后,实习生才能正式执案上课。

3. 实习生进行实习教学时,必须请学科指导教师听课指导,集中实习的同学应该互相听课、评课。

4. 课堂教学后要及时请学科指导教师对上课情况进行评析,倾听学生和其他听课者的意见和建议,并写好教学反思。有条件的可以召开评议会,认真分析讲课中的优缺点,总结经验,克服不足,提高教学水平。评议时,小组长要做好评议记录。

(二)批改作业和辅导学习。

1. 按实习学校要求,在学科指导教师的指导下认真细致地开展作业批改、讲评等工作。

2. 针对学生在学习上存在的问题,根据实际情况分类进行辅导。纠正普遍性的错误,解答共同性的疑难问题,一般采取集体辅导的方式;面批作业、解答个别性的疑难问题,采取个别辅导的方式。

第八条 班主任工作实习

(一)实习班主任工作的主要内容和任务。

1. 明确工作要求。认真学习教育部颁发的《中小学班主任工作规定》(教基〔2009〕12 号),在班主任工作指导教师指导下,明确班主任工作的目的、要求和具体内容。

2. 掌握班级情况。通过原班主任教师介绍、任课教师介绍、查阅档案、参与班级活动、个别访谈等,了解班级班干部的工作状态,掌握班级情况。

3. 拟订工作计划。根据班内情况和实习学校的要求,确定近期工作内容,拟订班主任实习工作计划,交原班主任和指导教师审批后执行。

4. 实施工作计划。在班主任工作指导教师的指导下,实施工作计划。组织、指导开展班会、团队会(日)、文体娱乐、社会实践等形式多样的班级活动,注重调动学生的积极性和主动性,并做好安全防护工作。

5. 加强工作能力训练。在班主任工作指导教师的指导下,主动与学生家长、学生所在社区联系,努力形成教育合力。

6. 做好工作总结。全面检查工作计划的执行情况,正确评估工作效果和优缺点,做好实习班主任工作总结。

(二)实习班主任工作应注意的事项如下。

1. 严格执行班主任工作计划,落实班主任工作汇报请示制度。

2. 做好实习班级的工作情况记录,以便进行系统的分析研究和有针对性地开展工作。此项记录是班主任工作实习成绩评定的重要依据。

3. 批准学生请假、开展个别教育、班级事故处理、开展社会实践活动,必须取得班主任工作指导教师批准、指导。组织校外活动原则上需要班主任工作指导教师带队。

第九条　教育研究工作实习

(一)在教育实习过程中,主动参与实习单位的各种教研活动,与指导教师和其他教师直接对话或交流,获得科学地研究教育教学的经历与体验。

(二)整合平时学习和实践过程中积累的所学所思所想,形成问题意识,运用研究教育实践的一般方法,经历和体验制订教育研究计划、开展教育研究活动、完成教育研究报告、分享教育研究成果的过程。

(三)在参与各种教育研究活动中,既要谦虚谨慎、实事求是,又要勇于发表意见、提出个人的看法和观点。

(四)实习结束时针对教育教学工作中的现实需要与问题,独立完成一篇(组)不少于6000字的教育研究类文章。可以是实习日志、教育案例、教学反思、教育调研报告、教育叙事、个人实习总结等,该文章作为实习成绩评定的依据之一。

第十条　教育实习验收、总结工作

(一)实习结束前应安排2～3周进行实习工作总结。每位实习生提交一份包括班主任工作实习、学科教学工作实习和教育研究工作实习的工作总结,集体实习(含混合编队)的实习队提交一份本队工作总结。

(二)协助实习学校做好实习成绩评定、实习鉴定,填写实习鉴定表和实习生综合能力评估表等表格。

(三)实习结束离开实习学校前一周,实习生做好个人和小组总结,填写自我鉴定和小组鉴定。

(四)做好离开实习学校前的有关工作。

1. 表达对实习学校和校外指导教师的感谢。

2. 征求实习学校师生对我校实习工作的意见,请实习学校填写“岭南师范学院教育实习工作评价表”。

3. 如实归还借用实习学校和个人的资料、物品。

4. 检查实习生有无违反纪律,造成不良影响的现象。

5. 付清实习期间应支付实习学校的有关款项。

(五)返校验收、总结。

1. 实习生接受二级学院实习验收。验收工作主要是审核实习生应该上交的各类实习材料(实习鉴定表、实习总结、教育教学研究类文章、实习经费票据等)。

远程指导的学生的验收还包括上一堂验收课并接受实习答辩。此成绩占实习总成绩的40%。

2. 各二级学院以专业为单位汇总各类材料,开展教育实习工作总结,评选、推荐优秀实习生及其他优秀项目。实习总结在实习结束后三周内完成,并报送一份给教务处备案。

第三章　教育实习的成绩考核与评定

第十一条　教育实习成绩评定的内容

评定的内容主要包括学科教学实习、班主任工作实习、教育教学研究、纪律表现等四个方面。特殊专业的评定标准可根据该专业特点予以适当调整,具体调整方案应报教务处批准。

第十二条　教育实习成绩评定的程序与办法

(一)成绩评定程序。

1.实习生个人总结。

2.校外指导教师分别评定班主任工作实习和学科教学实习,实习单位给定综合成绩。

3.校内指导教师综合学科教学实习、班主任工作实习、实习单位给定的成绩、教育教学研究、纪律表现等五个方面情况评定实习总成绩。

4.各学院实习领导小组审核后分别按个性化实习与集体实习两类情况确定实习生最终实习成绩并报教务处备案。

远程指导学生(含个性化实习学生)的最终成绩由校内指导教师成绩、实习学校给定综合成绩和实习验收成绩三部分组成,所占比例分别为20%、40%、40%。由驻校(点)指导教师指导学生的最终成绩由驻校(点)指导教师评定。

(二)教育实习总成绩按百分制计分,百分制换算成五级制标准为:优(90～100分,一般不超过所在专业实习生总人数的25%),良(80～89分),中(70～79分),及格(60～69分),不及格(60分以下)。

(三)单项成绩占教育实习总成绩的百分比为:学科教学实习成绩占总成绩的50%,班主任工作实习成绩占总成绩的30%,教育研究实习成绩占总成绩的10%,纪律表现占10%。实习中严重违纪、影响恶劣的学生由学校实习工作小组另行处理。

(四)实习成绩评定工作,应于实习结束前三周内完成,并及时做好“优秀实习生”“优秀实习小组”“优秀实习作品(包括教学设计、教学课件和教育研究工作实习类文章)”的评选、推荐工作。混合编队带队教师对学生评优可以提供参考意见。

(五)教育实习成绩不及格者,须重修。重修一般是安排参加下一年级实习;伪造教育实习成绩或教育实习成绩作假者,依据学校相关规定处理。

第四章　教育实习的组织与领导

第十三条　学校教育实习工作小组

学校成立教育实习工作小组,在校长领导下,由分管教学的学校领导负责。学校教育实习工作小组主要由教务处、学生处、团委、财务处等部门负责人以及二级学院主管教学的领导组成。其主要职责如下。

(一)研究拟订全校教育实习工作计划,建设校级教育实习基地。

(二)审定各学院的教育实习工作计划,统一安排校级教育实习基地的使用。

(三)协调处理有关实习的各项行政事务。

(四)组织全校性实习工作经验交流、总结,组织相关人员及实习指导教师业务素养培训。

(五)审查和确定各教学单位实习生成绩,并组织评选校级优秀实习生和其他优秀项目。

(六)组建实习混合编队,遴选混合编队的带队老师,落实混合编队队长人选。

第十四条　各二级学院的职责

各学院成立本单位的实习工作小组。由院长或主管教学的副院长担任组长,由熟悉实践教学环节,并有较为丰富的教育实习指导经验的专业教师担任副组长,副组长协助组长全面负责教育实习工作,工作小组成员包括学科教学法教师、辅导员及其他教育实习校内指导教师。

各学院实习工作小组的主要职责是:

(一)制订本学院各专业的实习标准和年度教育实习工作计划。

(二)全面指导、监督本学院各实习班级的教育实习工作。

（三）遴选校内指导教师。所有学生都必须配备校内指导教师，负责集体实习指导的校内指导教师必须驻校（点）或远程指导、管理。

（四）审查实习生实习资格，做好实习生思想动员和教育工作；组织实习生学习实习管理文件，按实习学校和实习类别组成实习队，遴选正、副队长。

（五）组织本学院教育实习经验交流会，评定实习成绩，做好教育实习总结和评优推优工作。

（六）及时向学校教育实习工作小组反映情况，汇报工作。

（七）做好实习经费的领取、发放、使用及其报销工作。

第十五条　实习期间，以实习学校为单位，设立教育实习工作小组

实习学校实习工作小组组长由实习学校领导担任，副组长由实习学校教学管理负责人及带队的校内指导教师担任。工作小组成员应包括实习学校领导、实习学校相关负责人及其班主任工作、学科教学工作的指导教师。其职责如下。

（一）为实习生及其带队教师提供必要的工作条件和生活条件。

（二）遴选有经验的教师担任学科教学指导教师和班主任工作指导教师，并落实指导实习生的工作任务。

（三）实施实习工作计划，包括介绍实习学校情况，观摩见习，安排各项实习工作进度，制定工作和汇报制度，研究和解决实习工作中的有关问题，保证实习计划的顺利完成。

（四）适当组织实习工作经验交流。

（五）深入现场指导、检查和督促各项实习工作的进行，及时发现问题、解决问题，与各学院实习领导小组沟通联系。

第十六条　校内指导教师[①]的资格和职责

（一）校内指导教师需具有以下资格。

1. 乐意从事教育实习指导工作，思想品德端正，工作责任心强。

2. 具有高校中级或中小学高级以上职称，非本专业的学科教学论的教师必须具有 2 年以上教学工作经验。

3. 熟悉中小学教育教学工作，具有较好的组织管理和沟通表达能力。

（二）校内指导教师的职责。

1. 执行学校、各学院实习计划；了解基础教育的现状和发展，了解中小学学校相关的规章制度，做好与实习学校相关负责人及校外指导教师的联络、沟通等工作。

指导教师必须熟悉实习学校与实习相关的领导、教师及其他工作人员；协助实习学校召开实习生见面会，熟悉实习学校相关规章制度；协助学校有关部门及指导教师做好各项实习管理、组织、监督和评价工作。

指导教师必须尊重实习学校的有关规章制度，尊重校外指导教师的意见，协助实习学校和校外实习指导教师开展各项实习工作。

2. 要以身作则，言传身教，教书育人。要全面负责实习期间实习生的思想、学习和实习工作，关心实习生的生活、心理、身体和安全情况，教育实习生严格遵守实习纪律，督促并指导学生按时撰写教学日志，完成实习各项任务。

3. 掌握实习生业务情况，指导实习生学习有关文件、资料，钻研课程标准及教材，初步安排进入实习学校后的工作日程，建立每周一次实习生汇报制度，做好每周一次的总结工作。

指导教师要建立实习队每周例会制度，每周要召开一次工作会议，总结本周实习队的工作情况，对下周工

---

① 分为驻校（点）教师和远程指导教师两种。二者职责相同，指导方式不同。驻校（点）教师以现场指导为主，必须全程带领实习生开展校外教育实习活动；远程指导教师以远程指导为主，必须远程全方位、全过程指导、管理实习生。

作做出具体安排。

4. 指导、督促实习生开展学科教学工作。

(1)督促、指导实习生备课、试讲。

(2)指导学生课堂教学,帮助学生解决在学科教学中遇到的问题。

(3)指导实习生批改学生作业,并进行督促检查,指导实习生做好作业评讲。

(4)了解实习生实习教学工作的表现,及时帮助实习生总结经验,提高教学水平和质量。

5. 指导实习班主任工作。

(1)和班主任工作指导教师沟通并确定实习班主任工作内容,分配实习班主任工作任务;

(2)督促、指导实习生拟订班主任工作实习计划。

(3)了解和检查实习生执行班主任工作实习计划的情况。

6. 督促、指导实习生进行教育研究并撰写相关文章。

7. 根据要求评定实习生成绩。

8. 做好教育实习各个环节的总结工作。

9. 指导教师应积极参与实习学校教育教学改革与研究,积极开展基础建设,发挥协同育人的作用。

10. 远程指导教师必须充分利用雨课堂、腾讯会议等平台的远程指导优势,开展适时有效的远程指导。

第十七条　带队教师的职责

(一)带队教师需具有以下资格。

1. 乐意从事教育实习带队工作,思想品德端正,工作责任心强。

2. 具有高校中级以上职称,非学科教学法的教师必须具有 2 年以上教学工作经验。

3. 熟悉中小学教育教学工作,具有较好的组织管理和沟通表达能力。

(二)带队教师的职责[①]。

1. 协助教务处或学院联系实习学校,做好实习生进入实习学校的所有准备工作(实习计划对接、实习岗位安排、校内外指导教师安排、食宿安排),组织带领实习生前往实习学校。

2. 组织召开实习生见面会,向实习学校介绍我校教育实习工作计划及实习生情况,落实实习学校和校外指导教师的实习指导、管理任务。

3. 做好学生安全教育工作,督促、检查实习生遵守我校和实习学校相关制度要求。

4. 每月召开一次实习队队长的视频或现场会议,组织实习队进行总结,帮助实习队解决实习过程中存在的生活问题。对专业实习或其他需要二级学院、教务处解决的问题及时反馈给二级学院或教务处。

5. 开展实习期中检查,调研反馈教育实习工作,上报教务处。

6. 检查实习生离开实习学校前有关工作的落实情况,组织召开实习总结会,组织带领实习生返校。

第十八条　校外指导教师的资格与职责

(一)校外指导教师需具有以下资格。

1. 乐意从事教育实习指导工作,具有良好的师德和个人品格,工作责任心强。

2. 原则上必须具有中级以上职称,学科指导教师(班主任工作教师)有 2 年以上学科教学经验(班主任工作经验)。

3. 具有较好的组织管理和沟通表达能力。

(二)校外指导教师的职责。

---

① 学院的带队教师和指导教师在职责分工上可以根据本院实际调整或仅由一人担任。

1.学科教学指导教师承担的主要工作如下。

(1)向实习生介绍本学科的课程标准、教材内容和教学对象的情况,传授先进的教学经验;指导实习生学会处理教材,编写课堂教学方案;审查实习生教案,抓好集体备课和对差生进行个别辅导的工作。

(2)安排实习生的教学见习,指导实习生备课和试讲,把好上课关,保证实习生的讲授达到课堂教学的基本要求。

(3)指导实习生实习课堂教学,主持评议会,及时帮助改进教学。

(4)指导实习生批改作业和课外辅导工作。

(5)评定实习生教学实习成绩,撰写评语。

2.班主任工作指导教师(原班主任)的主要工作是:

(1)向实习生介绍班级情况,传授班主任工作经验。

(2)指导实习生制订班主任工作计划,并检查计划执行情况。

(3)指导实习生组织好班级活动,开好主题班会。

(4)指导实习生做好日常班级管理工作、个别学生教育工作及家访工作。

(5)评定实习生班主任工作成绩,撰写评语。

第十九条　实习生的组织工作

(一)以二级学院为单位,在同一实习学校实习 15 人以上(包括 15 人)的须组成一个实习队,队长由二级学院择优确定。队长协助教师开展各项实习工作。

(二)实习队长和小组长的职责是:协调本组同学共同完成实习工作;执行各院、系工作小组和实习学校工作小组分配的各项具体任务:

1.接受指导教师及级组、科组领导的指导,组织落实本组实习准备工作。

2.组织本组同学集体备课、试讲、教学、听课、召开实习工作讨论会及评议会等。

3.组织本组同学制订实习班主任工作计划。

4.组织全体成员参加班团队活动和日常课外活动。

5.负责本组的纪律检查工作,关心本组同学思想、工作、生活状况,并及时向指导教师汇报反映情况。

6.实习结束时做好小组鉴定和小组实习总结。

(三)由学校负责安排的实习混合编队,一般由院系推荐、学生自荐、民主投票等环节确定 2 至 3 名实习队队长,协助学校实习工作小组开展有关工作。

(四)在教育实习中,应以适当形式开展有益于增进同学友谊、提升专业素养、丰富精神生活、展示青春风采、促进与实习学校联系的文体活动。

(五)在教育实习中,学生党员和共青团员应该充分发挥其先锋模范作用。凡是有正式党员 3 人以上的实习队(组),经上级党组织批准后,应成立临时党支部。

第五章　教育实习的经费使用

第二十条　教育实习经费的使用按《岭南师范学院实践教学经费管理办法(2019 年修订)》(岭师教务〔2019〕50 号)执行。

第六章　附　　则

第二十一条　本办法由教务处负责解释。

第二十二条　本办法自颁布之日起施行,原《岭南师范学院教育实习管理办法》同时废止。

岭南师范学院实习生守则

一、自觉遵守国家法律法规以及岭南师范学院、实习单位相关规章制度，远离黄、赌、毒、传销以及邪教等违法违纪行为。

二、尊重实习单位领导、教职员工；自觉、虚心接受实习指导教师指导；仪表端庄大方，举止言谈文明礼貌，见到师长要主动打招呼，不背后议论他人。

三、服从实习单位的统一管理，按实习计划完成全部实习内容。

四、工作主动积极，勇担责任，乐于奉献，注重合作；做事严谨认真，遇到困难要想办法克服。

五、关爱学生，以平等、诚恳的态度对待学生，为人师表。

六、爱护实习单位公共财物、场馆环境；凡向实习单位或个人借用的各种物品应认真保管，并及时归还实习单位。

七、严格执行实习单位的作息制度。不缺工缺课，不迟到早退，严格执行《岭南师范学院实习生请假制度》。

八、珍爱生命，注意安全，锻炼身体，生活习惯文明健康。

岭南师范学院实习生请假制度

一、实习生因病、因事不能参加实习活动，必须办理请假手续。

二、请假半天以内者，须征得校外指导教师同意；请假一至两天并外出者，须有请假报告，经校内、校外指导教师同意，方能离队。

三、因病或伤残事故（凭县级以上医院证明），或直系亲属病危、死亡等特殊原因，请假三至七天者，须报有关学院教育实习领导小组审批，并报学校教务处备查。请假七天以上者由学校实习领导小组批准。凡不请假或请假未经批准者，作擅自离队处理。

四、无故缺勤一天，按旷课6课时处理。无故缺勤七天以上者，取消其实习成绩，另行安排重修实习；请事假、病假十天以上者，亦需重修实习。

教育实习必须收集的资料

一、须交教务处的教育实习工作材料

(一)各专业教育实习年度计划、各专业教育实习年度工作总结、岭南师范学院教育实习工作评价表(分专业)、岭南师范学院教育实习成绩登记表(分专业)、岭南师范学院教育实习情况调查表(分专业)。

(二)岭南师范学院教育实习优秀实习生申报表(附佐证资料和个人工作总结)、岭南师范学院教育实习优秀实习指导教师申报表(附佐证资料及个人工作总结)、岭南师范学院教育实习优秀实习队(小组)申报表(附佐证资料和小组工作总结)、岭南师范学院教育实习优秀实习单位申报表(附佐证资料和单位工作总结)、优秀实习教案、优秀教育研究类文章。

(三)与实习学校开展协同育人的材料。

(四)岭南师范学院学生教育实习鉴定表。

二、须交二级学院保存同时备教务处检查的教育实习工作材料

(一)按要求学生应提交的教案。

(二)按要求学生应提交的教育研究类文章。

(三)主题班会设计方案。

(四)集中实习的实习队工作总结。

(五)岭南师范学院学生实习安全承诺书。

(六)岭南师范学院教育实习听课记录表(装订成册)。

第二部分

课堂教学工作实习

KETANG JIAOXUE GONGZUO SHIXI

结合相关课程学习，观摩幼儿的生活和教育活动的组织与指导，了解幼儿园教育的规范与过程，感受不同的教育风格。

了解实习班级幼儿的实际情况，在指导下设计教育活动方案，组织一日活动，获得对教育过程的真实感受。

结合相关课程学习，观摩小学课堂教学，了解课堂教学的规范与过程。

密切联系小学，了解小学的教育与管理实践，获得对小学工作内容和运作过程的感性认识。

在有指导的情况下，根据小学生的特点和教学目标设计与实施教学方案，经历1～2门课程的教学活动。

观摩中学课堂教学，了解中学课堂教学的规范与过程，感受不同的教学风格。

在有指导的情况下，根据学生的特点，设计与实施教学方案，获得对学科教学的真实感受和初步经验。

——摘自《教师教育课程标准(试行)》

课堂教学是教育实习的主要内容，实习生的课堂教学工作实习主要有备课与教案写作、上课、听课与评课等三个方面的内容。

备课与教案写作

一、备课

“凡事预则立,不预则废。”备课是指教师为完成本堂课的教学任务所做的一系列准备活动。

(一)实习生备课的环节

实习生备课主要包括以下几个环节。

1.钻研教材。钻研教材的核心是钻研教科书。实习生在备课时不要把主要精力花在按教学参考资料所提供的结论去“理解”教学内容。应该首先深入、全面熟悉和研究教科书内容和课程标准对此学段(年级)所要求的教学目标和教学内容,然后才参考、借鉴包括教学指导用书在内的其他教学参考、辅助资料。

2.了解学生。备课即备人。课堂教学一忌对牛弹琴,无的放矢;二忌师生隔膜,交流不畅。只有了解了学生,才能亲近学生、赢得学生,才能取得教学的成功。

3.选用或制作教具。教具在教学过程中起着必不可少的媒介作用。选用教具一要看教学内容的需要,二要看实习学校的客观条件,三要看实习生自身对教具使用的熟悉程度。实习生必须熟练掌握粉笔书写、计算机操作等最基本的教学手段,选用教具尽量做到多媒体、网络等现代教育技术与粉笔、黑板等传统教学手段相结合。对有些教学内容需要制作教具的,学生应该根据教学内容、制作甚至研发教学用具。

4.设计教学。设计教学是教师在了解了教材和学生、掌握了教学用具的基础上将教学诸要素有序安排,确定合适的教学方案的过程。教学设计是备课的核心。教学设计的主要环节和内容有:教学目标的设计,包括教学重点和教学难点的预设;教学内容与过程的设计,包括导入设计、学习内容设计、教学方法设计、提问设计、练习和作业设计、评价与考核设计、板书设计等。

教学设计要贯彻课程标准理念,突出学生是学习的主体,同时体现教师是学生学习活动的组织者和平等参与者,是学生学习的积极引导者和有效促进者这一角色。

5.编写教学方案,即教案写作。

6.试讲、修改教案。实习生编写教案必须反复试讲、修改。这是因为,实习生没有课堂教学的经验,对教学内容的理解、教学时间的分配、教学语言的表达、教学互动的把握等方面都还不熟悉,只有通过反复试讲才能把教学设计得更符合教学的要求,符合自己上课的特点。实习生试讲应该请实习学校学科教学指导教师现场指导,认真听取指导教师和同学的意见,及时修正备课、讲课过程中的不足。

(二)注意点

电子课件是计算机辅助教学手段的应用,是信息化时代教育教学手段不断改进的成果,对传统教学手段是一种改进和有益补充。但教育实践证明,电子课件是使用计算机辅助教学时的一个工具条件,它直观、容量大,许多用讲授法难以实现的教学目标可以通过计算机辅助教学手段的展示、演示、模拟得以实现,还可以节约教学过程中教师的一些板书时间,可以大大提高教学效率。但是,教育教学是一种特殊的实践活动,一种创造性的劳动,电子课件的过度使用易于禁锢教师思维,限制教师临场发挥和创造能力的提高。在这种意义上,电子课件就是教案的一部分或者是教案的补充,实习生不能以电子课件代替教案,更不能以制作电子课件来代替备课和教案写作。

二、教案写作

教案是教师为顺利而有效地开展教学活动，根据课程标准、教科书及学生的实际情况，以课时或课题为单位，对教学内容、教学目标、教学方法、教学步骤等进行的具体设计和安排的一种实用性教学文书，是教师备课劳动智慧的结晶，是开展教学活动的蓝图和方案。

教案写作是创造性劳动，是对实习生理论联系实际能力、写作能力、概括分析能力的有效训练，也是对实习生书写水平、概括能力、材料组织能力等综合素质的反映，所以教案是实习生创造性劳动的结晶，也是检验实习质量的一个重要依据。

按详略程度的不同，教案有详案、简案之分。详案接近于讲稿，不仅写出问题解析的内容要点，还写出讲解、分析部分的表述语言。简案只列明各环节、具体步骤及其内容要点，讲述语言则从略。就编写格式而言，有传统型的教案，主要是突出教学目标、教学过程（尤其是教师教学的过程）、板书的设计；也有新型的教案，即教学设计，主要是突出对教学目标和学生学习方式的设计，重视教学内容（教材）和学生的分析，关注教学过程中教与学的生成性。当前，很多学校使用“学案”“导学案”，其实这也是一种立足于学生的学习来设计的教案。

（一）实习生教案写作的要求

1. 必须贯彻课程标准理念，突出学生学习的主体性。

2. 内容要切实有用。教案不是学术论文，也不是经验总结，是教师上课的蓝本，因此，教学上需要的内容或材料就写上，没有必要的就不写。

3. 结构要清晰明了。一则教案格式虽不是僵死的，但毕竟还是有一定的要求，教案的结构必须符合一般的要求；二则教案的结构实际上反映了教学的结构和思路，教案结构不清晰势必会影响教学进程。

4. 语言要简明流畅。教案不是预备给别人看的，是给教师自己看自己用的，因此，教案语言无须追求生动雅致，能起到实在的说明和提示作用即可。

5. 教案一般应该是详案。

（二）教案编写的一般格式

教案的写法有基本的格式，但在实际工作中，教案可以有多种便于教师施教或便于学生学习的写法，实习生应该在指导教师的指导下规范地写作教案。教案的呈现形式有文本式和表格式两种，但内容是一样的。以下是两种教案写作的基本格式，供实习生在实习时参考。

1. 传统型教案的一般格式。

课题（大标题，宋体小三，居中）

教学目标（一级标题，顶格，仿宋加粗）：

教学目标通常以省略主语的无主句表述。但是，省去的行为主体是学生，而非教师。

教学重点和难点：

针对不同情况，重、难点可分述亦可合一；与教学目标可能一致，也可能不同，但往往与教学目标有较密切的联系。重、难点的陈述角度（隐含的主语）也因具体内容的不同而有所不同。

教学方法：

本课题教学所用的主要方法。宜用规范表述，如“讲读法”。运用多种方法的，列述其主要者，如“讲读法，辅以讨论法”。不必展开说明。新课程改革后往往把教学方法分为教的方法和学的方法。

教学手段：

本课题所采用的主要的教学媒体或工具，如多媒体、小黑板、幻灯片等。

教学时数：

本课题教学的计划时数，如“2 课时”。

预习内容和要求：

对学生课前预习的具体要求，未安排预习则无此项目。

第×课时

教学要点：

教学要点是指本课时的教学重点和主要内容，其实质是本课时的“总案”。教学要点的表述应具体、切实、扼要，反映整个教学内容的教学目标和教学重点。如教学仅 1 课时，则无须标注“第×课时”，“教学要点”也可省略。

教学过程和内容：

教学过程和内容也称教学内容和步骤，按预设的教学进程，依次列述教学各环节、步骤及其具体内容。总案所设的目标、重点和难点、教学方法等预想，应在分课时教案中加以落实。分课时教学过程和内容的安排的时间长度应在 45 分钟以内。

各步骤包括具体的教学内容和选用的教学方法。具体的步骤大体有：

(1)检查预习或复习旧课；

(2)导入新课，导入语应精心拟制，能较好地起到引导学生进入新课学习的作用；

(3)学习新课；

(4)小结；

(5)课堂练习；

(6)布置作业。

以上步骤可有所变通。学习新课部分应做到纲目清楚，条理分明。尤应注意正确使用层次序号。

板书设计：

板书设计是关于预设的板书内容在黑板上最终形成的结构状态，通常是指主体板书，有时也包括预设的辅助板书，但不包括教学中的临时板书。

一般情况下，板书按课时设计。如果有课题的统一板书设计，也可附列于最后课时的末尾。

2. 教学设计方案的一般格式。

课题

教学内容分析：

教学内容分析包括教学内容属于教科书哪一章节、教学内容的特点、本课时教学内容与其他教学内容的关联等。

教学对象分析：

说明学习准备(学习起点)，以及学生的学习风格。要注意结合特定的情境，切忌空泛。

教学目标：

根据以上分析，结合学科教学目标设计本课题的教学目标，设计教学重点和难点。

教学策略:

说明本课题设计的基本理念、主要采用的教学与活动策略,以及这些策略实施过程中的关键问题。也可以叫教学方法。

教学资源及工具选择:

教学资源与工具包括两个方面:一是为支持教师教的资源;二是支持学生学习的资源和工具。具体内容包括学习的环境、多媒体教学资源、特定的参考资料、参考网址、认知工具以及其他需要特别说明的传统媒体。

如果是其他专题性学习、研究性学习方面的课程,可能还需要描述需要的人力支持及可获得情况。

教学内容与过程:

突出学生自主、合作、探究的学习方式,突出教师的引导。

教学评价设计:

创建量规,向学生展示他们将被如何评价(来自教师和小组其他成员的评价)。另外,可以创建一个自我评价表,这样学生可以用它对自己的学习进行评价。

板书设计:(同传统型的教案)

教学反思:

教学反思包括实习生课后对该堂课(得失)的感悟、思考、认识,以及对今后教学的启示等内容。

(三)岭南师范学院实习生上交教案行文格式

1. 所上交教案按课时必须有统一的教案封面,左侧装订。

2. 实习生教案提倡学生手写,必须条理清晰,字迹工整;上交教案也可以打印。

3. 无论手写教案还是打印教案,都应该统一用 A4 大小的纸张,大小与教案封面统一。上、下边距为 2.54 厘米,左、右边距为 3.17 厘米。

4. 打印教案的排版要求如下。

课题(大标题):小三、宋体、加粗、居中;一级标题:顶格,仿宋,小四,加粗,不使用序号;二级标题序号用汉字数字加括号,首行缩进 2 字符,仿宋小四;三级标题序号用阿拉伯数字(加原点),仿宋小四;四级标题用阿拉伯数字加括号,仿宋小四。

正文:小四、仿宋,两端对齐,正文首行缩进 2 字符,段前段后行间距 0,正文行间距固定值 22。大标题和正文间空 1 行。

上课及基本要求

上课是实习生教育实习的中心环节，也是实习生最有挑战和成就感的环节，更是检验实习生教育实习成果的关键环节。实习生要上好课，就必须做到以下几点。

一、认真观摩 虚心请教

实习生要取得课堂教学好的效果，必须认真观摩指导教师以及其他有经验的教师的课堂教学，尤其是要了解实习班级科任教师的上课风格和学生学习的状况，这样有利于实习生尽快熟悉课堂教学的基本要求和学生学习习惯，有益于课堂教学纪律的把控。实习生要勤于向指导教师和其他有经验的教师请教学习。实习生向指导教师和其他教师请教学习时要注意三点：一是态度要虚心诚恳，要时时谨记自己在指导教师面前是一个正在学习和成长的学生；二是确保所请教的问题是经过自己深入思考过的问题，是有价值的问题；三是多在教学实践中请教学习。在见习观摩课后向授课老师请教，试讲课和实习课后向指导教师请教，这样收益更大，效果更好。

二、材料齐全，提前入室

实习生上课前应根据上课要求，逐一检查好上课所需的教科书、教案、辅助教学工具等一切教学材料；应该在上课前几分钟进入教室检查教学设备，并以适当的手段暗示学生马上要上课了，营造上课的气氛。

三、抓住心理，把握节奏

在一堂课上，学生的学习心理活动有其规律：上课5分钟后，学生的兴奋中心仍停留在课间休息的兴奋点上，学习状态较差。之后，在教师的调控下，学生的兴奋中心约有半小时才能集中到教学上。而在临近下课的5～10分钟里，学生的兴奋中心因缺乏新的刺激而疲劳并转向课外。实习生应该了解这一特点，适时调控教学节奏。

（一）把握教学语言的轻重疾徐

实习生上课在语言表达上容易出现的问题有：声音过小或过大，语言模糊难辨，声调过平，节奏快慢把握不准，缺少对话性和亲和力。教师的声音应该是清晰、明朗、生动的，应让每个学生真切地感知到、形象地感触到、真情地感悟到。

要注意的是，板书作为教师的书面语言也是调整教学节奏的重要手段，对此实习生应给予足够重视。

（二）讲究教学方式的间隔变换

教学方式的变换既是教学内容变化的需要，也是维持学生学习兴奋点的需要。如果一节课的教学方法单一，就容易使学生产生疲劳感。教师在组织教学时，讲究教学方式和教学手段的间隔变换和合理搭配，有助于消除学生疲劳，保持注意力，提高教学效率。

（三）注重内容安排的疏密相间

学习内容的安排要区分详略并进行合理的组合与布局，讲究信息的疏密相间，错落有致。一般说来，重点和难点要重锤敲，要学生精力高度集中，积极思考，以体现一个“张”字。学生易懂的、非重点的内容，则可在“张”中体现一个“弛”字。只有在紧张之中见松弛，激越之中见舒缓，学生才能在张弛相济、起伏有致的富有美感的节奏变化中轻松愉快地获得更多的知识。

四、重视空间，注意观察

实习学生由于紧张和经验不足等原因，在课堂教学组织的空间管理上往往出现“丢三落四”的现象。如目光总是投向教室的某一固定位置，提问时总是提问几个固定的学生，站的位置要么总是站在讲台上，要么总是站在某一学生身旁。研究表明，学生的视力、性格、气质、智力均不同程度地受到座位空间位置的影响，课堂空间的管理，是提高课堂教学效率的重要途径，也是反映教师教学水平的重要指标。

（一）捕捉学生信息

在课堂教学中，教师应充分发挥眼睛捕捉信息和输出信号的作用。要做到这一点，可采用两种具体方法：扫视和定视。

扫视，适用于控制整体情绪，形成和谐的氛围。扫视可在课前用来静场；可在提问后捕捉信息；也可在讨论后用来收集学生的情绪；还可以用来捕捉学生学习的情绪，及时调整教学内容或方法。

定视，适用于对注意力分散的学生发出警告，让其收敛分散的思维；给回答问题胆怯的学生以勇气和信心；给情绪高涨的学生以鼓励。每当教师以充满信任和期待的眼神正视学生时，学生的心灵深处就会受到激励和启发，增加学习的兴趣和动力。

（二）操作课堂位置语

“位置语”，顾名思义，就是说实习生在讲台上及教室中的位置，能以一种潜在的力量，影响着课堂的氛围、情绪及教学效果。位置语是态势语的要素之一，只不过不少实习生在运用态势语的时候往往忽视了这一要素。那么，怎么改进位置语的局限呢？

首先，变换站立的位置。教师应根据课堂的实际情况，通过讲台上下，教师前后、左右的空间，有意识地移动站立的位置。这样不仅可以增强对学生的约束感，而且能使学生产生亲切感，吸引学生注意力。教师站在讲台中央，具有集中学生注意力的潜在势能，只用于一节课开始、总结和强调部分。教师站在黑板前一线，便于教学时结合板书进行讲解。教师站在讲桌左、右两侧，便于教师询问，与学生交流，且较前两处位置进一步接近学生。教师站在台下，便于辅导、参与讨论，和学生融为一体。

其次，教师也要注意在位置的变换中唤起师生之间、台上台下之间的一种张力。如，当向学生提问时，可从讲桌后的中间位置走向讲桌两侧的讲台前沿，身体微向前倾，可以有效地增强师生之间的张力，集中学生的注意力，并使他们感到有一种促使自己回答的期待力量，从而引发他们积极思考。又如，在台下和学生一起讨论问题时，最佳的位置则在教室中线距讲台的黄金分割点上，这样，既有效地活跃了气氛，又有效地使自己辐射全体学生，不失主导地位。教师要根据教学需要经常走下讲台，使讲台与前排座位之间的空间也成为活动区。这在练习课、操作课更为必要，教师经常、适当地走近后排学生，能使他们感到教师对自己的亲近感。在有条件的情况下，采用半圆式座位排列，即把学生的座位排成半圆形，教师从圆心点可以随意接近每个学生，这种组织方式经有关的实验证明，教学效果非常好，是位置语的最好表现方式。

当然，运用位置语还需要结合教师自身的个性与风格，根据教学内容、学生情况等因素，开始可有意识地设计好自己的位置变换过程。而经过逐渐运用，就会潜移默化地形成自己的一套位置语言。这时，学生也能迅速地接受、理解教师的位置语言，从而在一种场效应中，达到师生之间最完美的交流与理解。

五、调控纪律，加强修养

课堂纪律的调控一直是实习生面临的两难问题：严格则担心学生和自己疏远，宽松则难以“驾驭”学生。实习生应该如何看待课堂纪律、如何加强课堂纪律的调控呢?

(一)实习生要加强与学生沟通联系

所谓“亲其师，信其道”，通俗地说，学生喜欢这个老师了，也就会认真听他上课了。应注意的是，实习生和学生的关系不能疏远，也不能没有界限，实习生和学生的关系本质上是师生关系，在行为表现上是一种学习伙伴关系。

(二)实习生要努力提升自身素养

实践证明，学生因为对实习教师存在新鲜感，加之年龄相近，往往一开始对实习教师有亲近感，相对而言也会比较遵守课堂纪律。但时间一长，许多实习生的问题就暴露出来了，从而导致学生不亲其师，不信其道，也不遵守课堂纪律了。具体而言，实习生要加强课堂教学纪律，就必须加强自身修养。

第一，要加强行为规范的修养。有的实习生在大学期间自由惯了，衣着打扮、言行举止等方面不端正、规范，给学生往往形成事事随便的感觉，所以在课堂上也就会随随便便，没规没矩。更有些实习生自身纪律观念差，上课迟到早退，班主任工作懒散放任，更加会导致学生课堂教学纪律难以管理。

第二，要加强专业知识的修养。在课堂教学中，如果实习生在口头表达、板书和授课内容等上经常出现语言错误、知识性错误，就会导致课堂纪律问题。实习生一方面要认真备课试讲，尽量减少专业知识性错误，一方面在课堂上要敢于面对错误，这样才能让学生信服。

第三，要加强教学技能修养。许多纪律问题是由于实习生教学技能不熟练导致的。如教学内容安排太紧和太松，教学方法过于单一机械，教学语言过于平淡生硬，处理突发问题简单粗暴，等等。实习生遇到由于教学技能导致的课堂教学纪律问题时，不应该慌乱悲观，因为技能只有在实践中才能得以提升，遇到此问题，实习生应该加强反思，在反思中提升自己的教学技能，培养课堂教学机智。

(三)实习生要求注意综合管理

课堂纪律问题不是一个孤立的问题，往往和学生的个性习惯、学习观、价值观有着直接的关系，学生纪律问题也常常会受到社会风气、家庭氛围、学业成绩、学校教育等多方面的影响。教育心理学的研究表明，引起课堂学生违纪行为的原因与不愿学习的原因几乎是相同的。也就是说，纪律问题通常是动机问题。因此，实习生应该加强与各科任教师、班主任教师，乃至与家长的联系，通过主题班会、个别教育等形式，对学生进行有针对性的思想道德教育、心理健康教育和纪律观念教育。

听课与评课

听课与评课对于从事教育教学实习的学生来说，既是观摩学习、了解课堂教学规范与过程的必由之途，还是反思研究的重要方法。而对于实习指导教师而言，听课与评课是帮助实习生提高课堂教学能力、科学评价实习生课堂教学水平的必要手段。

一、听课

实习生无论是在见习期还是在实习的过程中都要尽可能地多听指导教师和其他有经验教师的课。

（一）听课前的准备工作

1. 理论储备。掌握教学常规知识的基础上学习新课程标准，尽量了解本学科教研现状，熟悉新的教学理念和理论。

2. 明确听课性质与课型。课的性质可分为示范课、观摩课、研讨课、探索课、汇报课以及竞赛课等。

3. 如果有可能，尽量了解授课者的教学风格及特色、授课对象以及授课内容。

（二）听课的基本要求

在课堂教学阶段，听课老师应该集中精力，坚持做到“四到”：“耳到”——仔细聆听教师的课堂教学语言，聆听学生在课堂中的各种语言，聆听师生对话；“眼到”——认真观察教师教态、表情、肢体语言、板书、所用教具及学生反应与表现；“心到”——边听边认真思考，把授课者的理解、感悟及教法与“我”做比较；“手到”——记录教学流程、重点、难点、板书、师生交流情况、教学“亮点”及自己触景生情碰撞出的“火花”。

二、评课

（一）评课的分类

参加教育教学实习的学生评课一般包括三类。

第一类是边听课边评课，这是一种独立的自我反思、研究和记录的过程。

第二类是实习生之间的相互、集体听课评课，这类评课是在实习生认真听课并做好记录的基础上，针对所听的课堂教学进行评价。这类评课要求大家畅所欲言，既要肯定优点，又要指出不足和缺点。

第三类是参与实习学校组织的评课活动，这类评课要求实习生以观摩为主，一般不参与评论，主要是学习教师们是如何听课评课的，并通过反思，丰富自己听课评课的经验，提升自身对课堂教学的认识。

（二）评课的内容

1. 从教学目标上分析，首先，从教学目标制订来看，要看是否全面、具体、适宜；其次，从目标达成来看，要看教学目标是不是明确地体现在每一教学环节中，教学手段是否都紧密地围绕目标，为实现目标服务。

2. 从处理教材上做出分析，既要看教师知识讲授的准确科学方面，更要注意分析教师教材处理和教法选择上是否突出了重点，突破了难点，抓住了关键。

3. 从教学程序上分析，第一，看教学思路设计是否清晰；第二，看课堂结构安排是否合理。教学思路侧重教材处理，反映教师课堂教学的纵向教学脉络，而课堂结构侧重教法设计，反映教学横向的层次和环节。教学思路是指一节课教学过程中的各部分的确立，以及它们之间的联系、顺序和时间分配。课堂结构也称为教学环节或步骤。一节好课的结构是严谨清晰、环环相扣的，它不仅过渡自然，时间分配合理，密度适中，而且一定有很高的效率。

4. 从教学方法和手段上分析，方法是单一的还是多样化的，是突出教师的教还是突出学生的学，是运用传统教学手段还是现代教育技术等，都是评价的重要内容。

5. 从教师教学基本功上分析，教师的教学基本功包括语言表达、板书、演示、操作、教态、组织教学等几个方面的内容。

6. 从学生的学习状态上分析，学生是学习的主体，一堂课的成功与否，关键是看学生学习状态的好坏。学生的学习状态一般包括注意状态、参与状态、交往状态、思维状态、情绪状态和生成状态六个方面。

7. 从教学效果上分析，课堂效果综合评析关键是看目标达成度是否高、学生受益面是否大、隐性学习是否丰富和师生教学是否愉快等四个方面。

岭南师范学院教育实习教案封面

（每课时一个教案）

姓名		所在学院		专业班级	
学号		实习学校		授课班级	
课型		课时		授课时间	
课题					
教学目标					
教学重点					
教学难点					
教学手段					
校外指导教师意见	签名：　　　　年　月　日				
校内指导教师意见	签名：　　　　年　月　日				

注：本书中此表仅为样本，实习生使用时需在岭南师范学院实践教学网页上自行下载或依照此表样式自制打印。

岭南师范学院教育实习听课记录表

实习学校________________ 时间 ______年___月___日 第___周 星期

<table>
<tr><td>执教者</td><td></td><td></td><td>执教者单位</td><td></td><td>年级班级</td><td colspan="2"></td></tr>
<tr><td>学科</td><td colspan="2"></td><td>课题</td><td colspan="2"></td><td>课型</td><td></td></tr>
<tr><td colspan="5">教学内容与步骤</td><td colspan="3">评注</td></tr>
<tr><td colspan="5"></td><td colspan="3"></td></tr>
</table>

注：①此表供实习生听课使用；②如为实习学校的教师上课，请在“执教者”一栏填写姓名和“老师”，如为实习生上课，请在“执教者”一栏填写姓名和“同学”。③此表仅为样本，实习生使用时需在岭南师范学院实践教学网页上自行下载或依照此表样式自制打印，并装订成册，在实习结束时作为必交材料上交所在二级学院。

岭南师范学院
Lingnan Normal University

教育实习听课表

实习学校：
实习学科：
所在学院：
所学专业：
姓　　名：
学　　号：

20　～20　学年度第　学期

注：此表为听课表的封面；本书中此表仅为样本，实习生应在岭南师范学院实践教学网页上自行下载或依照此表样式自制打印。

第三部分

班主任工作实习

BANZHUREN GONGZUO SHIXI

深入幼儿园和班级，参与幼儿活动，获得与幼儿直接交往的体验。

深入班级，了解小学生群体活动的状况以及小学班级管理、班队活动的内容和要求，获得与小学生直接交往的体验。

深入班级或其他学生组织，了解中学班级管理的内容和要求，获得与学生直接交往的体验。

在有指导的情况下，参与指导学习、管理班级和组织班队活动，获得与家庭、社区联系的经历。

——摘自《教师教育课程标准（试行）》

班主任工作实习是教育实习不可或缺的重要内容，这不仅是因为班主任工作在中小学教育教学中的重要性，还在于开展班主任工作实习能让实习生更全面、更深入地了解学生，能更好地开展教育教学工作。

实习班主任工作的职责与任务

2009年，教育部关于印发《中小学班主任工作规定》（教基一〔2009〕12号）的通知，明确规定了班主任工作的职责与任务。有以下五条。

1. 全面了解班级内每一个学生，深入分析学生思想、心理、学习、生活状况。关心爱护全体学生，平等对待每一个学生，尊重学生人格。采取多种方式与学生沟通，有针对性地进行思想道德教育，促进学生德智体美全面发展。

2. 认真做好班级的日常管理工作，维护班级良好秩序，培养学生的规则意识、责任意识和集体荣誉感，营造民主和谐、团结互助、健康向上的集体氛围。指导班委会和团队工作。

3. 组织、指导开展班会、团队会（日）、文体娱乐、社会实践、春（秋）游等形式多样的班级活动，注重调动学生的积极性和主动性，并做好安全防护工作。

4. 组织做好学生的综合素质评价工作，指导学生认真记载成长记录，实事求是地评定学生操行，向学校提出奖惩建议。

5. 经常与任课教师和其他教职员工沟通，主动与学生家长、学生所在社区联系，努力形成教育合力。

实习班主任工作的内容

一、制订班主任工作实习计划

实习生要在有限的实习时间里取得较好的班主任工作效果，就必须制订出切实可行的实习计划。

制订时间：实习计划一般在见习期制订。

计划种类：从计划的制订者来分，有个人计划和小组计划，实习生若是一个人辅导一个班，就以个人为单位来制订，组内各成员在工作上既要有分工又要有协作；若根据时间长短来分，有整个实习期间的计划，有每周的计划。

计划内容：既要有日常工作的内容，又要注意安排几项有较大意义或较大规模的活动作为重点。

计划格式：通常包括指导思想、现状分析、目标、措施、步骤和要求等。

注意：不得与学校和班级的既定计划相冲突；要在原班主任老师的指导下进行；可根据实际情况适时修改，不可刻板死扣，但修改时要征求原班主任老师的意见。

二、召开班会

（一）例会

例会的内容主要如下。

传达学校或上级部门的精神、通知，布置安排班级的某些事项；总结一周或某一时段的班级情况；班会商讨等。

实习生召开例会要注意：

实习生在传达有关精神，特别是通知时，要及时准确；布置或总结工作时要条理清晰，特别是总结会，要点面结合、简洁明了，富有警醒或激励作用；班会商讨既要体现老师的核心作用，更要尊重学生、发扬民主，充分发挥学生的自我管理、民主管理的作用。

（二）主题班会

主题班会以特定内容为主题，诸如理想前途教育，道德品质教育，劳动、纪律教育，学习目的教育，爱国主义教育，集体教育等。实习期间组织以特定内容为主题、形式生动活泼的主题班会，既可以有效地加强实习班级学生的思想教育，又可以培养和锻炼实习生的教育工作能力和组织领导才干。

1. 主题班会活动题材的选取。

班会课的内容要针对本班的实际情况、学生的年龄和心理特点选取内容及设计形式，及时规范学生行为，及时捕捉班级的亮点及学生的闪光点，适时适度地进行教育，树立典型并发挥其辐射带动作用。如：初中学生由童稚走向成熟过程。每个人都有成长的烦恼，而且有着较为深刻的社会文化背景，社会对学生的诱惑力远远大于学校，但是学校和班集体是学生心灵成长的大本营和避风港，作为班主任，要善于捕捉学生微妙变化的信号，并以此为教育的基本素材，利用班会课阵地，切实做好教育引导工作。

2. 主题班会活动对象的分类。

在班会课的准备过程中，对于“优秀生”，不能因其成绩好或听话而一味溺爱，以偏概全，也要关注其心理健康，尤其需要培养心理承受力，在活动中克服自我中心；对于“一般生”，我们应更多表现出认可和赏识，多肯定他们的长处和闪光点；倒是班级中的“隐患区”更需要关爱，哪怕他们摆出自诩不凡或者是麻木不仁的谱，但他们的心理还是敏感的、自卑的，易产生对立情绪，实习班主任应借助班会活动，让他们和班级同学多沟通，老师在旁边多爱护、多指点、多鼓励，使他们“亲其师而信其道”，然后再通过活动春风化雨，润物细声，使学生受到感染和熏陶。

3. 主题班会教育目标的确立。

紧扣德育大纲中的相应年级要求，从学生发展实际出发，结合时代发展特点，目标适切、明确，观点正确，主题突出。相对于以传授人类历史文化精华这种间接经验为主的学科课程来说，班会活动所占的比例虽小，但它却是绝对不能缺少的。否则，单一的学科课程会使学生的学习与现实严重脱节，不利于学科知识在实践中获得运用、验证和创新的机会，而最为根本的，则是违反了马克思主义所揭示的活动是人存在与发展的根本方式这一人的本质属性，从而也就违反了有关人的全面发展的一般规律。

既然班会课被正式纳入了课程体系，它与学科课程之间的关系就应当是相辅相成的，在地位上和在价值上，不应有主次之分、轻重之分，它们各有侧重地作用于学生发展的不同方面，实现学生素质的全面提高。班会课的目标主要在于使学生的主体意识、行为能力、情感态度得到全面发展，并且，它往往不以某一门学科知识为中心，而是强调学科间的相互联系及知识的综合运用。

4. 主题班会教育内容的制定。

主题班会的内容一般包括：政治思想教育，时事形势教育，节假日传统教育，文学、美术、音乐、影视作品的介绍、欣赏和评析，历史、体育、卫生等各种知识的介绍，处理班务工作和组织班级活动（如编排座位，选举干部，讨论和制订班级公约，为春游、秋游、运动会、节日庆祝等活动做动员或小结等），就班级中的倾向性问题进行讲评，现代科技教育，与学习相关的教育（如针对刚刚步入初一、高一的学生，可以召开有关学习方法、学习心理等为内容的主题班会），与纪律道德相关的教育（如如何处理个人与集体、学习与活动、纪律与自由等问题为题材的主题班会）。主题班会的开展还可以结合时令或节日。如在教师节、国庆节、元旦、校庆等节日开展相关的主题班会，会显得更有意义。

5. 主题班会活动的形式。

班会活动不拘形式，一切服从教育内容及教育目的，并尽可能为学生所乐于接受。

班会的常见形式：专题讨论会、报告会、演讲会、茶话会、故事会、文艺表演会、游戏活动、参观访问、朗诵、座谈、汇报、辩论、竞赛。

6. 主题班会活动设计的具体要求。

(1)活动重点要突出。只有确定了活动的重点，才能在实践活动中抓住主要矛盾。

(2)活动时间要把握。要根据活动的类型、活动的内容规划好活动时间。

(3)活动内容要选择。选择活动内容要有利于对学生进行思想品德教育；要生动有趣；要坚持实践性原则，可操作性强；要适应社会发展的要求；适应学生的年龄特征；适合当地的环境条件和师资水平；符合认识规律，遵循循序渐进原则。

(4)活动步骤要清晰，整个活动过程包括哪几个环节，每个环节中有哪些操作要点都要交代清楚。

(5)活动措施要得力。

7. 主题班会设计方案的基本内容。

主题班会的基本内容包括基本情况（实习班级、时间、地点、参加人数、形式等）、主题、目的要求、基本过程（准备过程、活动过程）等方面，具体见《岭南师范学院教育实习主题班会设计方案》。

三、发挥班团（少先队）干部的积极性

班团（少先队）干部是班级的骨干，是班主任的得力助手。新型的班团（少先队）干部还是学生意志的代言人，他们的积极性直接影响到班主任工作的开展和班级教育管理的水平。发挥班团（少先队）干部积极性的具体做法和要求如下。

（一）明确集体奋斗目标

好的班级都有自己的奋斗目标，它对整个班级具有很强的导向和激励作用，对班团（少先队）干部更具有很强的责任心的鼓舞作用。

（二）完善班级管理制度

如班规、班级公约的完善和执行。

（三）培养学生自我管理、民主管理的意识和能力

（四）协调各班团（少先队）干部的工作

班团（少先队）干部既要分工又要合作，让人人有事做，事事有人管，这样才会进一步促进他们工作更有积极性，增强他们工作的责任心。

（五）正确处理班级管理问题

实习生在处理班级问题时，要做到成绩归功于班团（少先队）干部，失误则自己承担。不当众指责或训斥班团（少先队）干部，这样才会赢得班团（少先队）干部更大的支持。

不以大学生干部的标准来衡量中学生。

注意：实习生来到实习班级后，班团（少先队）干部都已经在原班主任开展的工作中确定下来了。这个时候，实习生应该尊重原班主任老师和同学们的意愿，不要随意指定或更换班团（少先队）干部。如果遇到不合格的、影响较坏的班团（少先队）干部应及时向原班主任反映，并协助原班主任妥善处理。

四、班主任对学生的个别教育

班主任对学生的个别教育，既包括对优秀生的典型的培养工作，也包括做后进生的转化工作和中等生的促进工作。

（一）做好优秀典型的培养工作

优秀生一般是指那些品学兼优，可以作为学生学习、仿效的好学生。

注意：任何优秀生都有自己的不足或缺点。实习生往往会犯“一优百优”的认识错误，从而不能正确地帮助优秀生更上一层楼，有的甚至还会让优秀生产生骄傲自满的情绪。这样不仅会造成优秀生和一般同学的隔阂，而且会使学生产生老师偏心的心理认识偏差，从而造成实习生和学生之间的隔阂。因此，对优秀生既要充分肯定，又要严格要求。

（二）做好后进生的转化工作

后进生又叫“差”生，一般分品差学不差、学差品不差和品学都差的双差生。对后进生尤其是双差生的转化

是班主任工作的重要内容。

转化后进生要注意以下几点。

一要有信心。“没有教不好的学生,只有教不好的老师”,学生的后进和落后都是暂时的,是有原因的。

二要有爱心。后进生一般都比较脆弱,性格比较乖张,尤其是双差生在心理上还有较为严重的自卑感。因此,老师的关心、爱护和理解对于他们来说显得尤为珍贵,也更能打动他们。这就是所谓的“动之以情”。

三要有耐心。后进生的转化都有一个过程,并且有可能较慢,有的转变后还可能会出现反弹,因而教育工作要有耐心,更不能半途而废。

四要有匠心。既要掌握工作的艺术,找准后进的原因,对症下药,切忌教育方法的模式化、简单化。有的实习生采用“曲线救国”的方法,即在教学工作方面多接近他,激发他学习的兴趣,进而全面促进他的发展,该方法值得借鉴。

五要将心比心。金无足赤,人无完人。严格地说,没有绝对的优等生,也没有绝对的后进生,因为每个学生身上总有自己的长处和短处。对待后进生要多站在他们的角度着想,充分发掘他们的优点和闪光的地方。

六要多鼓励少批评(即使批评也尽量不当众批评),多交心少“告状”(即使出现严重问题,必须向班主任汇报或必须家访的,也不应添油加醋,夸大事实)。

(三)促进中等生进步

在班级管理中,实习生由于接触时间较短等原因,进入他们视线的往往是优秀生和双差生,而中等生却往往被“爱心”遗忘。这对实习生很不利,因为中等生毕竟是大多数同学。同时,中等生虽然优缺点不明显,但他们身上都潜藏着许多积极因素,如要求进步、羡慕品学兼优的同学、希望得到老师和同学的重视和信赖、有表现自己才能和智慧的要求等。

对中等生,实习老师应主动去了解、关心他们,并尽量为他们的进步创造良好的契机。具体方法有:

1. 在班内经常组织多样化的、分层次的小型竞赛活动,让每个学生在活动中都有获得成功的体验;

2. 可实行值日生制度,设立各种兴趣小组或活动小组等,让他们参与到班级管理中来,让他们在为班级、为同学服务中表现自己、施展才华。

善于发现并利用中等生的个性品质中的积极因素,促使他们进步。

注意:多次实习证明,失去对中等生的重视和关怀,不仅会失去大部分同学对自己的支持和配合,甚至会对中等生的上进产生消极的影响。众多中等生的积极性一旦被调动起来,就会表现出极大的工作和学习热情,从而激发他们的智慧和潜力,促使他们进步;同时,他们也势必成为班级集体的一股积极的力量,推动班集体的整体发展和实习工作的圆满完成。

(四)处理好偶发事件中的个别教育

偶发事件在实习中是经常碰到的。作为实习生,首先是要尽量地减少偶发事件的发生。一般来说,偶发事件常发生在课间休息、运动场上及就餐就寝的时候,这些时候实习生要勤到班、勤提醒。

处理偶发事件要注意以下三点。

一是要根据性质的严重程度,决定是否通知原班主任。凡发现涉及伤人、对公共财物造成严重损害、学生未归或出走等性质严重的事件都要及时通知原班主任甚至学校有关领导。

二是要善于控制自己的情绪,沉着冷静,不要不问青红皂白、孰是孰非就怒从心起,或训斥,或辱骂,或体罚学生。这样容易使学生产生抵触情绪,甚至造成迫使他们做出不良行为(如出逃等)的后果。

三是要调查研究,弄清事实真相并做出正确处理。不能事后不闻不问,这样会导致两种后果:学生虽然没事了,但对老师失去了信赖;使潜在的问题恶化,特别是学生之间的纠纷可能会演变成性质更为严重的冲突。

五、与家庭、社区的联系

学校与家庭、社区的联系主要是通过班主任沟通的。班主任要经常保持与家长的沟通，赢得家长的信任，共同探讨教育学生的措施和方法，使学校教育与家庭教育密切配合，取得更好的教育效果。同时，要注意和社区进行协调、沟通，积极争取社会的教育力量，为学生的发展营造良好的环境。

（一）班主任与社区的联系的主要内容

1. 根据学校工作需要，协作学校，召集社区代表会议，讨论或商议学校、社区共建事宜。

2. 根据学校工作计划或本班工作计划，与社区开展各类学生综合实践等共建活动。

3. 邀请社区有关人员担任班级管理、学生学习辅导、学生思品教育等方面的指导专家。

4. 根据学生教育或社区的需要，开展的其他工作。

（二）班主任与家长联系的主要内容

1. 组织、召开家长会议，组织、建立家长学校，或组织、成立家长委员会。

2. 家访。家访包括普通家访和重点访问。前者一般是指班主任对学生家庭进行普遍性的访问，了解家庭的情况（如家长的职业，经济情况、生活环境等）和学生在家的表现，同时听取家长对学校和班主任工作的要求和意见；后者一般是指班主任根据需要，对不同类型的不同学生进行访问，也包括偶发事件的访问。

3. 邀请家长担任班级管理、学生学习辅导、学生思品教育等方面的指导专家。

4. 家长开放日（接待日）的组织、策划与具体实施。

（三）班主任与家庭、社区联系的主要形式

学校与家庭、社区联系的主要形式有座谈会、上门访问、班级开放日（接待日）、共建活动、家长委员会（学校家长）、电话联系、网络联系等。班主任与家庭、社区的联系应以有效促进学生的发展为目的，要做到联系的常态化、制度化。

（四）实习班主任与家庭、社区联系的注意事项

1. 在班主任工作实习过程中，实习生一般不独自与学生家庭、社区联系或开展相关活动，主要是观摩、协助原任班主任教师开展这方面的工作。实习生在观摩、协助班主任与家庭、社区联系或开展相关活动时，不能随意插嘴或自作主张，应及时做好记录和总结。

2. 在班主任教师授意、指导下，实习生直接或独立与家庭、社区联系或开展相关活动时，应该注意以下几点。

（1）明确原任班主任教师安排的工作任务，严格按班主任教师的要求执行，有问题及时沟通、请教。

（2）联系前，要做好充分准备。根据工作目的和联系对象情况拟订或考虑好谈话的内容和谈话的方式。

（3）与家长或社区人员沟通联系时，应态度诚恳，礼貌待人，目标明确，陈述简洁明了。

（4）家访时，要抱着和学生家长共同关心学生成长和进步的态度来和家长交谈。既要一分为二，实事求是，又要讲求说话的艺术。切忌流露出厌恶学生、埋怨家长的情绪。

（5）工作结束后，应即时整理好工作记录，以便积累材料，总结经验，不断提高工作水平。

六、开展课外活动

课外活动是在教师的组织和指导下，利用学生课余时间有目的、有计划地进行的具有一定思想性、知识性、趣味性和技巧性的教育活动。课外活动是课堂教育教学的拓展和延伸。

(一)课外活动的形式

实习期间比较经常遇到的课外活动的形式主要有以下几种。

1. 班集体活动。如野炊、秋游、看电影、听报告会、参观访问等。

2. 部分同学参加的小组活动。如参加文艺演出、各种兴趣小组活动、志愿服务活动等。

3. 自由分散的个别活动。如围绕某一主题或活动的课外阅读、体育专项训练、标本采集制作、某种应该独立钻研的技艺、某项科学小实验等。

(二)课外活动要注意的事项

第一,安全第一。教师要强调安全意识,在进行较大的集体活动时,班团(少先队)干部必须要有明确的责任分工。原则上实习生不得申请校外课外活动,即便原计划有,也必须是在学校校长同意、原班主任老师带队的情况下开展。

第二,作为组织者的实习生要有明确的目标。即便是野炊,也要通过这次活动了解学生,促进学生之间的团结和友谊,培养学生爱劳动、互相协助的精神品质。不能让集体活动成为学生矛盾制造的场所。

第三,要做好深入细致的准备。如材料器具是否齐全可靠,场地是否安全合适,人员编队是否合理科学等。

第四,要做好总结。活动结束后最好能以书面的形式向班主任老师汇报。

七、班主任日常工作

班主任日常工作指的是每天都应做的或定时例行要做的工作。班主任的日常工作通常有以下一些:

1. 关于政治思想教育方面的,如升国旗仪式、团队活动、班会、读报、黑板报等;

2. 关于文化学习方面的,如晨读、早晚自习、第二课堂等;

3. 关于组织纪律方面的,如考勤、课堂和集体活动中的秩序和纪律等;

4. 关于文艺体育方面的,如早操、课间操、眼保健操等;

5. 关于劳动和卫生方面的,如大扫除、寝室卫生、课室打扫、按教学计划规定的生产劳动等。

每个实习班主任都应积极参加班级日常工作的实习,并有始有终地做好每件事,千万不可轻视,不可厌烦,不可懈怠。班主任日常工作是实习生掌握班主任基本功的必要途径,也是衡量一个实习生班主任工作的重要指标。

八、心理教育

心理教育是教育者有目的地培养学生良好的心理素质,强调心理机能,开发心理潜能,进而促进其整体素质的提高和个性和谐发展的教育。它是素质教育的重要方面,是现代学校教育与传统学校教育的主要差别之一,也是现代学校教育的重要标志和组成部分。许多学校开设了专门的心理课程,班主任和学生的紧密性和亲近性,决定了心理教育也是班主任工作不可或缺的重要组成部分。实习生开展心理教育应注意:所有的心理教育都要在实习学校心理辅导教师和班主任工作指导教师的指导下进行。

九、其他

在实习班主任工作时，可能会遇到学校开展的一些大型活动，如校运动会，全校性的征文（手抄报、篮球等）竞赛，国庆、元旦等各种大型晚会等。实习生既要充分发挥、施展自己的才能，主动请缨；又要做到细心、细致，完成学校交给的每项任务。

岭南师范学院教育实习主题班会设计方案

<table>
<tr><td>时间</td><td></td><td>地点</td><td></td><td>实习班级</td><td></td><td>参加人数</td><td></td><td>形式</td><td></td></tr>
<tr><td>主题</td><td colspan="9"></td></tr>
<tr><td>目标
要求</td><td colspan="9"></td></tr>
<tr><td>步骤与
内容</td><td colspan="9">（可加页）</td></tr>
<tr><td>班主任
工作指导
教师意见</td><td colspan="9">签名：　　　　时间：　　年　　月　　日</td></tr>
<tr><td>校内指导
教师意见</td><td colspan="9">签名：　　　　时间：　　年　　月　　日</td></tr>
<tr><td>总结与
反思</td><td colspan="9">（可加页）
实习生签名：　　　　时间：　　年　　月　　日</td></tr>
</table>

注：本书中此表仅为样本，实习生使用时需在岭南师范学院实践教学网页上自行下载或依照此表样式自制打印。

班主任工作记录表

实习学校______________________　实习班级________________　________年___月___日　第___周

项　目	内　容
本周工作纪要(召开主题班会需填写岭南师范学院教育实习主题班会设计方案)	
本周存在问题及应对措施(包括学生突发事件的处理)	
与家长的联系或与学生的谈话纪要	
本周总结与反思	实习生签名:　　　　时间:　　年　　月　　日

班主任工作记录表

实习学校＿＿＿＿＿＿＿＿＿＿　实习班级＿＿＿＿＿＿＿　＿＿＿＿年＿＿月＿＿日　第＿＿周

项　目	内　容
本周工作纪要（召开主题班会需填写岭南师范学院教育实习主题班会设计方案）	
本周存在问题及应对措施（包括学生突发事件的处理）	
与家长的联系或与学生的谈话纪要	
本周总结与反思	实习生签名：　　时间：　年　月　日

班主任工作记录表

实习学校________________ 实习班级____________ ______年___月___日 第___周

项　目	内　容
本周工作纪要(召开主题班会需填写岭南师范学院教育实习主题班会设计方案)	
本周存在问题及应对措施(包括学生突发事件的处理)	
与家长的联系或与学生的谈话纪要	
本周总结与反思	实习生签名: 时间: 年 月 日

班主任工作记录表

实习学校＿＿＿＿＿＿＿＿ 实习班级＿＿＿＿＿＿ ＿＿＿＿年＿＿月＿＿日 第＿＿周

项 目	内 容
本周工作纪要(召开主题班会需填写岭南师范学院教育实习主题班会设计方案)	
本周存在问题及应对措施(包括学生突发事件的处理)	
与家长的联系或与学生的谈话纪要	
本周总结与反思	实习生签名： 时间： 年 月 日

班主任工作记录表

实习学校______________ 实习班级__________ ______年___月___日 第___周

项 目	内 容
本周工作纪要(召开主题班会需填写岭南师范学院教育实习主题班会设计方案)	
本周存在问题及应对措施(包括学生突发事件的处理)	
与家长的联系或与学生的谈话纪要	
本周总结与反思	实习生签名： 时间： 年 月 日

班主任工作记录表

实习学校______________ 实习班级____________ ______年___月___日 第___周

项　目	内　容
本周工作纪要（召开主题班会需填写岭南师范学院教育实习主题班会设计方案）	
本周存在问题及应对措施（包括学生突发事件的处理）	
与家长的联系或与学生的谈话纪要	
本周总结与反思	实习生签名：　　　时间：　年　月　日

班主任工作记录表

实习学校＿＿＿＿＿＿＿＿　实习班级＿＿＿＿＿＿＿　＿＿＿＿年＿＿月＿＿日　第＿＿周

项　目	内　容
本周工作纪要(召开主题班会需填写岭南师范学院教育实习主题班会设计方案)	
本周存在问题及应对措施(包括学生突发事件的处理)	
与家长的联系或与学生的谈话纪要	
本周总结与反思	实习生签名：　　时间：　年　月　日

班主任工作记录表

实习学校＿＿＿＿＿＿＿＿ 实习班级＿＿＿＿＿＿＿＿ ＿＿＿＿年＿＿月＿＿日 第＿＿周

项　目	内　容
本周工作纪要（召开主题班会需填写岭南师范学院教育实习主题班会设计方案）	
本周存在问题及应对措施（包括学生突发事件的处理）	
与家长的联系或与学生的谈话纪要	
本周总结与反思	实习生签名：　　　　时间：　年　月　日

班主任工作记录表

实习学校______________ 实习班级__________ ______年___月___日 第___周

项目	内容
本周工作纪要（召开主题班会需填写岭南师范学院教育实习主题班会设计方案）	
本周存在问题及应对措施（包括学生突发事件的处理）	
与家长的联系或与学生的谈话纪要	
本周总结与反思	实习生签名： 时间： 年 月 日

班主任工作记录表

实习学校______________ 实习班级____________ ______年___月___日 第___周

项目	内容
本周工作纪要(召开主题班会需填写岭南师范学院教育实习主题班会设计方案)	
本周存在问题及应对措施(包括学生突发事件的处理)	
与家长的联系或与学生的谈话纪要	
本周总结与反思	实习生签名: 时间: 年 月 日

班主任工作记录表

实习学校________________ 实习班级______________ ________年____月____日 第____周

项　目	内　容
本周工作纪要（召开主题班会需填写岭南师范学院教育实习主题班会设计方案）	
本周存在问题及应对措施（包括学生突发事件的处理）	
与家长的联系或与学生的谈话纪要	
本周总结与反思	实习生签名：　　时间：　年　月　日

班主任工作记录表

实习学校____________________ 实习班级________________ ________年____月____日 第____周

项　目	内　容
本周工作纪要（召开主题班会需填写岭南师范学院教育实习主题班会设计方案）	
本周存在问题及应对措施（包括学生突发事件的处理）	
与家长的联系或与学生的谈话纪要	
本周总结与反思	实习生签名： 时间： 年 月 日

班主任工作记录表

实习学校＿＿＿＿＿＿＿＿　实习班级＿＿＿＿＿＿　＿＿＿年＿月＿日　第＿周

项　目	内　容
本周工作纪要(召开主题班会需填写岭南师范学院教育实习主题班会设计方案)	
本周存在问题及应对措施(包括学生突发事件的处理)	
与家长的联系或与学生的谈话纪要	
本周总结与反思	实习生签名：　　时间：　年　月　日

班主任工作记录表

实习学校______________ 实习班级__________ ______年___月___日 第___周

项 目	内 容
本周工作纪要(召开主题班会需填写岭南师范学院教育实习主题班会设计方案)	
本周存在问题及应对措施(包括学生突发事件的处理)	
与家长的联系或与学生的谈话纪要	
本周总结与反思	实习生签名： 时间： 年 月 日

班主任工作记录表

实习学校＿＿＿＿＿＿＿＿＿＿　实习班级＿＿＿＿＿＿＿　＿＿＿＿年＿＿月＿＿日　第＿＿周

项　目	内　容
本周工作纪要(召开主题班会需填写岭南师范学院教育实习主题班会设计方案)	
本周存在问题及应对措施(包括学生突发事件的处理)	
与家长的联系或与学生的谈话纪要	
本周总结与反思	实习生签名：　　　　时间：　年　月　日

第四部分

教育教学研究工作实习

JIAOYU JIAOXUE YANJIU GONGZUO SHIXI

师范生应该“具有研究教育实践的经历与体验”。

在日常学习和实践过程中积累所学所思所想，形成问题意识和一定的解决问题的能力。

了解研究教育实践的一般方法，经历和体验制订计划、开展活动、完成报告、分享结果的过程。

参与各种类型的科研活动，获得科学地研究学生的经历与体验。

——摘自《教师教育课程标准（试行）》

教育教学研究实习是师范生教育实习的重要内容，也是教师专业发展的重要途径。师范生在教育实习期间开展的教育教学研究活动成果主要包括实习日志、教育反思、教育叙事、教育案例、教育调查报告、教育教学总结等内容。

按照《岭南师范学院教育实习管理办法》的规定，每位实习生在教育实习期间必须完成一篇不少于4000字或一组不少于6000字的教育研究类文章作为实习成绩考核的主要内容。

实习日志

一、实习日志的作用

实习日志(也称为教学日志、教育日志、教师日志)是实习生在教育实习过程中对教育教学生活事件的定期记录。在他们把真实的生活场景转化为文字、语言符号加以记载的时候,他们就是在梳理着自身的行为,有意识地表达着自己。国外的一位中学教师,曾如此来描述日志是怎样与自我成长结合在一起的:“(日志)是一种有价值的工具。我经常回来读一读在过去的一周发生了些什么。我能够注意到一些关于我教学的事情,例如,有用的和无用的教训。我每星期至少做四次记录。这看起来能使我专注于教学实践中的关键问题。”通过撰写实习日志这种方式,实习生可以定期地回顾和反思日常的教育教学情境。在不断的回顾和反思的过程中,实习生对教育教学事件、问题和自己认知方式与情感的洞察力,也会不断加强。具体而言,实习生将更加深入理解学生的问题,从多个维度来认识教育中的特殊现象;实习生将更加了解自己是如何组织教学的,了解最适合于自己的教学方式,了解如何获得那些支持教学的各种教学资源,等等。

二、实习日志的记录形式

日志常用的记录形式包括备忘录、描述性记录和解释性记录。这三种形式在记录的侧重点以及文体的表现形式方面有一定差异,备忘录很多时候就可等同于一篇日志,而描述性记录和解释性记录通常只能作为一篇日志的一部分。实习日志是实习生写作教育叙事、教育案例、教育反思等的很重要的原材料。

三、撰写实习日志的注意事项

对于作为教育教学研究成果的实习日志,实习生在撰写中还需注意以下几点。

第一,实习日志的书写要持续地写,最好每天或隔几天安排一个特定的时间来专门写实习日志。有些实习生不钟情于实习日志,并不是因为他们没有能力撰写,而是因为一些习惯性因素的阻碍。要破除这种障碍,最好的方法也许就是硬着头皮去写日志,在撰写日志的过程中,体会日志带给行动研究者在整理自己思路、积累资料等方面的不可替代的作用。

第二,除了个别日志具有隐私性以外,实习生可以通过博客、微信等形式和同事们分享自己的日志。分享日志的方式可以是直接把日志拿给别人来看,也可以在休息时间与别人谈论日志所记的内容。这是因为,通过与他人的讨论与交流,可以帮助日志撰写者理清思路,找出解决问题的方法。撰写者通常是“当局者”的身份,往往会“迷”于熟悉的事物之中,难以清晰地看到问题的本身。同时,以写日志的方式获得个人的一种成就感。

第三,撰写实习日志要将事件记录与事件分析结合起来,并要在形式上保证有一定量的分析。需要强调的是,对日志记录做一些暂时性的分析是非常有必要的。对于研究成果的表述来说,这样做可以降低在研究的最后被资料淹没的危险。而教师在对资料进行分析时,有时需要发挥直觉的作用,而不仅仅依靠理性。因为仅仅依靠理性来分析,很有可能会被烦琐的细节所累,而丧失了偶尔闪现的灵感。

教育反思

一、教育反思的含义和作用

区分一个教师是感性的实践者还是理性的研究者，其根本标志在于教师是否能够对自己的教育教学行为进行持续不断的反思。从这个意义上说，教育反思应该是教师的基本研究行为，涵盖范围甚广，教育日志、教育叙事、教育案例等无不在其内。实习生的教育反思概念，更多地是从其狭义上来使用的，指的是实习生以体会、感想、启示等形式对自身教育教学行为进行的批判性思考。它不同于日志、叙事的一般性的记录和白描，也不同于案例有着明确的问题发现、分析、解决线索，而是在记录教育事实基础上所进行的思考和评判。这种非日志、叙事、案例的形式在教师的教育研究中占有较大的比重，尤其在研究的初期是如此。

教育反思是一种批判性思维活动，而把这些思维活动记录下来，则可视为一种写作文体。它作为研究方式，运用简便，可贯穿教育教学过程的始终；它作为研究成果表达形式，写法灵活，可成为教师成长发展的忠实记录和反映，因而在教师研究中被广为应用。

教育反思运用范围广泛，形式多样，可以是专题反思，也可以是整体反思；可以是即时反思，也可以是延迟反思；可以是课前反思，也可以是课中反思与课后反思。对于实习生而言，反思应该贯彻于教育实习全过程。

二、教育反思的注意事项

实习生的教育反思应该注意以下几点。

（一）秉承新教育理念，形成反思参照标准

反思只是教育教学的一个手段，可以用来达到这样或那样的目的，既可以成为实施素质教育的帮手，也可以成为背离素质教育的“帮凶”。教师在开展反思活动时，要以新教育理念为出发点，以新课程的基本主张为参照点，注意形成反思的框架标准，实施对教育教学活动的评判、思考活动。

（二）具有鲜明问题意识，捕捉反思对象

有问题有障碍才会有思考有分析。实习生在开展教育反思活动时，要注意形成自身的问题意识，要善于在稍纵即逝的现象中捕捉问题，在貌似没有问题的地方发现问题，有问题的系统的反思是研究性反思区别于日常反思的重要标志。

就拿教学来说，如果实习生有明确的问题意识，就可能在教学的方方面面发现问题。比如：在教学目标方面，可以反思教学目标是否完成，如果没有完成的话，原因是什么，教学目标设置是否合理；在教学内容方面，可以反思教材内容重点、难点的处理方法是否适合学生的实际情况，单元教学内容在学科体系中的位置是否合理，能不能补充一些新的教学内容，什么样的教学内容是学生感兴趣的；在教学方法方面，可以反思什么样的教学方法比较适合于本节课的内容，学生对于讨论法、小组学习法等是否适应，在选择、使用不同的教学方法时要注意什么的策略；在教学程序方面，可以反思教学的导入、教学的推进、教学的结束等教学环节是否衔接得恰到好处，各环节花费时间是否合理；在师生互动方面，可以反思实习生是否过多地占用了课堂教学时间，是否过度

地使用了预设,是否过分地强调了课堂纪律,学生在课堂教学中是否积极参与,学生在课堂上是否敢于提出不同于实习生、不同于同学的看法,学习困难的学生是否处于师生互动的边缘等。

(三)联系已有经验进行综合分析,构建个人化理论

反思是针对某一现象或问题进行的,但并不意味着反思是就事论事的思维活动,它可以完全引申开来,在思维深处将自己以往的经历包括他人相关的经历联系起来,或者将已有的理论知识与当下问题的思考联系起来,这样的反思才更有深度,更能提升自己的智慧水平。在教育实习过程中,实习生应该结合听课评课、主题班会、个别教育、教育教学研究等具体实习工作进行反思,要致力于形成自己对问题的看法,提升自己理性分析问题的能力,构建个人化的理论,并不见得要一味地认同他人的观点和认识。

(四)要对教育教学行为进行持续不断的系统化思考

偶尔的反思并不困难,也是绝大多数教师能做到的,但持续不断的系统反思却不见得是每个人轻易都可以做到的。作为研究的反思,应该是持续的、不间断的、系统的,它摆脱了零散片段反思的状态,将反思渗入教育教学的全过程,从而在很大程度上保证了教育教学的针对性和有效性。

教育叙事

教育叙事陈述的是教师在教育教学活动、教改实践活动曾经发生或正在发生的事件,也包括教师本人撰写个人传记、个人经验总结等各类文本。作为初为人师的实习生,每个人身上一定会有很多很有“趣味”甚至难忘的“故事”,把这些故事记录下来,对实习生的影响也一定是很深远很有价值的。

教育叙事研究的基本特点是研究者以叙事、讲故事的方式表达对教育的理解和解释。它不直接定义教育是什么,也不直接规定教育应该怎么做,它只是给读者讲一个或多个教育故事,将教育的直接参与者的内心思想、隐性知识等转化为显性知识,挖掘出教育主体的教育智慧并转化为集体智慧和共享资源,让读者从故事中体验教育是什么或应该怎么做。

一、教育叙事的特点

(一)真实性、亲历性

教育叙事研究所叙述的是来自已经亲历过的教育事件,是真实可信的教育故事,不是设计的事件。因此,教师平时要善于捕捉这些教育故事的“源文件”,只有“原汁原味”的教育事件才有特定的意义。

(二)人物性、形象性

在教育叙事中,叙述者既是说故事的人,也是他们自己故事里或别人故事里的角色。叙述者将自己放到故事中,用自己的视觉去观察和体验,对事件中的某个角色(学生等)做出较为科学与合理的行为和心理的“假想”,从而使故事的人物形象“更饱满”。

(三)情节性、完整性

叙事谈论的是特别的人和特别的冲突、问题,或使生活变得复杂的任何东西,所以叙事不是记流水账,而是记述有情节、有意义的相对完整的故事。通常有与所叙述的教育事件相关的具体人物、事件发展的情节。

(四)生动性、可读性

阅读者可以从叙事报告的故事情节中看到教学影像,清楚地把握教学中出现的问题,并用内省、比较的方法去解释报告中的问题解决。这种影像化的故事情节提供给阅读者身临其境的感受,对于教育者而言,这种感受对教学观念、方法的改进的影响会更具体,更深入,因为我们知道,具体经验对于学习是非常重要的一个因素。

(五)反思性、感悟性

教育叙事研究获得某种教育理论或教育信念的方式是归纳而不是演绎。也就是说,教育理论是从过去的具体教育事件及其情节中归纳出来的。

二、教育叙事的基本内容框架

(一)问题产生的背景

背景是交代故事发生的时间、地点、人物、起因,但不需面面俱到,关键在于说明故事发生有何特别原因和条件。

(二)问题情境描叙

每个教育叙事都必须有一个鲜明问题或矛盾。不能杜撰,但可以对实际情节进行选择,目的凸现焦点。要有细节的描写,描写生动,引人入胜。描写一般采取叙议结合的方式,即描叙+分析。

(三)问题解决结果或效果的描述

主要内容包括背景、问题、细节、结果。

三、实习生写教育叙事的要求

1. 教育叙事必须基于实习生自己在教育实习过程中真实的教育教学实践。对真实的教育教学实践可以做某种技术性调整或修补,但不能虚构。

2. 每个教育叙事必须蕴涵一个或几个教学事件,即教学过程中出现的某一个有意义的教学问题或发生的某一种意外的教学冲突。

3. 由于它是对具体的教学事件的叙述,因此要有一定的情节性和可读性。叙述要有一个从开始到结束的完整情节,突出戏剧性冲突,有人物的语言、内心活动,要揭示故事中人物的内心世界,不是记流水账。

4. 每个教育叙事所叙述的教学事件必须具有一定的典型性,蕴含一定的教学理念、教学思想,具有一定的启迪作用。

5. 要有问题性,不是简单地把一天的事情原原本本地记录下来,这样做没有意义。而应该是捕捉教育教学活动中出现的问题。

6. 教育叙事的写作方式以叙述为主,夹述夹议。叙述要具体、生动,讲究文笔的清新优美,议论要体现问题,精要简洁。

四、如何写好教育叙事

1. 有意识地随时收集教育实习过程中让你感到有趣或震撼的教育教学事件资料或存在新问题的教育事件资料。

2. 采取多种方法收集教育教学事件资料。如记日记、写实习日志、做听课观察记录、与观察对象开放式的访谈。

3. 注意收集与教育教学相关的背景资料。如与所叙事相关的日期、作者、任务、背景事件、政策、观点氛围等信息。

4. 注意思考和寻找身边平常事件中蕴含的规律、问题、新观念和真理,善于发现教育教学活动中出现的新问题,并不断地对与问题有关的因素进行观察,进行理论学习和理性思考。

5. 注意对资料的整理和分析。每经过一段时间，就要对收集来的所有故事和叙事素材进行比较，分析每个故事的主题，然后将这些互不相同的主题重组成一个完整的事件发展过程。

6. 写作时，首先要能够提出问题，明确你所研究和希望表述的问题。其次，要按问题的产生—问题解决的过程—解决的结果这一主线，将问题细化，把问题清晰地表达出来。最后，要对不同类型的关键事件（成功型事件、挫折型事件、启发型事件、感人型事件）的重点方面进行重点描写。

教育案例

教育案例是对包含有解决某些疑难问题，某些原理、方法、策略运用的教育教学情境故事的描述，故事中渗透课程改革的思想和理念，展现在教育教学理论、方法指导下解决问题的方法与策略和教师教学行为发生的变化，体现教师的教育智慧和实践性经验，体现了教师的创造力，搭起了理论与实践的桥梁。

教育案例一般由背景、案例事件、案例分析与启示、案例问题几部分构成。可以从不同的角度对它进行分类，如课堂教学案例、学校教育案例、教研活动案例、课程开发类等。

一、教育案例的特点

1. 教育案例是教育事件，是对教育教学过程中一个实际情境的描述。案例讲述的应该是一个一个的故事，叙述的是故事产生、发展的历程，是对事物或现象的动态性的把握。

2. 案例是含有问题或疑难情境在内的事件。事件只是案例的必要条件，而不是充足条件，换句话说，事件还只是案例的基本素材，并不是说所有的事件都可成为案例，能够成为案例的事件，必须包含问题，也可能包含解决这些问题的方法。

3. 教育案例是典型性的教育事件。除了问题或疑难情境这样一个基本要素，作为案例的事件还需具有一定的典型性，要能够从这个事件的解决当中说明、诠释类似事件，要能够给读者带来这样或那样的启示、体会。

4. 教育案例是真实发生的教育事件。案例虽然展示的是一个饶有趣味的故事，要与故事一样生动有趣，但案例与故事也有一个根本性的区别，那就是故事是可以杜撰的，而案例是不能杜撰的，它所反映的是真实发生的事件，是事件的真实再现。

概括而言，教育案例是含有问题或疑难情境在内的真实发生的典型性教育教学事件。这一概括性的论述，应该说总体反映了案例的形貌。从这一概述中，可以看到，对事物的静态的缺乏过程把握的描述不能称之为案例；信手拈来的没有问题或疑难情境在内的事件也不能称之为案例；没有客观真实为基础缺乏典型意义的事件也不能称之为真正的案例。

二、好案例的标准

什么样的案例才是一个适宜的、好的案例？美国的一些学者通过调查，提出了一个好案例的下列标准。

一个好的案例应讲述一个故事。像所有好故事的标准一样，一个好的案例必须要有有趣的情节。要能把事件发生的时间、地点、人物等按一定结构展示出来，当然在这其中，对事件的叙述和评点也是必要的组成部分。

一个好的案例要把注意力集中在一个中心论题上，要突出一个主题，如果是多个主题的话，叙述就会显得杂乱无章，难以把握住事件发生的主线。

一个好的案例描述的是现实生活场景，应该反映的是近 5 年发生的事情，因为这样的案例读者更愿意接触。

一个好的案例可以使读者有身临其境的感觉，对案例所涉及的人产生移情作用。

一个好的案例应包括从案例反映的对象那里引述的材料。例如，反映某个学校或某个班级的案例，可引述一些口头的或书面的、正式的或非正式的材料，以增强案例的真实感。

一个好的案例需要对面临的疑难问题提出解决方法。

一个好的案例需要有对已经做出的解决问题决策的评价。也就是说，一个好的案例不仅要提供问题及问题解决的方法，而且也有对这种解决问题方法的评价，以便为新的决策提供参照点。

一个好的案例要有一个从开始到结束的完整情节，要包括有一些戏剧性的冲突。

一个好的案例的叙述要具体、特殊，也就是案例不应是对事物大体如何的笼统描述，也不应是对事物所具有的总体特征所做的抽象化的、概括化的说明。

一个好的案例要把事件置于一个时空框架之中，也就是要说明事件发生的时间、地点等。

一个好的案例要能反映教师工作的复杂性，揭示出人物的内心世界，如态度、动机、需要等。

三、案例的写作格式

案例的写作几乎没有一个统一的格式，但从案例所包含的内容来说，一个相对完整的案例大致都会涉及以下几个方面。

（一）标题

案例总是有标题的，总是要借助标题反映事件的主题或形貌的。一般地说，案例有两种确定标题的方式：一是用事件定标题，即用案例中的突出事件作为标题；二是用主题定标题，把事件中包含的主题析离出来，作为案例的标题。

（二）引言

引言也可以说是开场白，一般有一两段话也就可以了。主要描述一下事件的大致场景，隐晦地反映事件可能涉及的主题。

（三）背景

案例中的事件是发生在一定的时空框架之中的，是依托一定的背景的。背景的叙述可分为两个组成部分：间接背景和直接背景。所谓间接背景是与事件相关但关联程度并不直接的背景，所谓直接背景是直接导引事件发生、与事件联系甚为密切的背景。在直接背景与间接背景的描述上，一般间接背景在前，略写；而直接背景在后，详写。

（四）问题

案例区别于一般事例的最大特点就在于有明确的问题意识，是围绕问题来展开的。在论述中，需要讲明问题是如何发生的，问题是什么，问题产生的原因有哪些。

（五）问题的解决

这部分内容需要详尽描述，要展现问题解决的过程、步骤，以及问题解决中出现的反复、挫折，也会涉及问题解决初步成效的描述。这部分内容在一定程度上，是整个案例的主体，切忌把问题解决简单化、表面化。

（六）反思与讨论

教育案例是由工作生活在教育教学第一线的教师自己完成的，撰写案例的过程，也就是对自己解决问题的心路历程进行再分析的过程，同时也是梳理自己相关经验和教训的过程。因而，系统地反思自身的教育教学行为，对于提升教育智慧、形成自己解决教育教学问题的独特艺术等都至关重要。反思与讨论主要涉及的问题有：问题解决中有哪些利弊得失？问题解决中还发生或存在哪些新的问题？在以后的教育教学中，如何进一步解决这些新的问题？问题解决中有哪些体会、启示？

（七）附录

并不是每个案例都有附录部分。附录中的内容，是对正文中的主题有补充说明作用的材料，若放在正文中，会因篇幅过长等问题影响正文的叙述。

上述案例包含的内容不是案例的形式结构，也就是说，不见得每篇案例各组成部分的题目都按上述几部分确定（当然，也并不排除这种形式的排列方式），只要在案例相关内容的叙述上，考虑到以上几个方面并按照一定的逻辑结构加以组合就可以了。

四、教育叙事和教育案例的区别

1. 从结构上讲，叙事一般只需要事件背景或故事背景＋事件描述＋扼要的理性反思。叙事的反思更感性一些，甚至更抒情化一些。案例一般必须包括事件背景＋事件描述＋事件分析（直接对事件进行多层面、多角度的分析）＋案例启示（在基于事件本身又超越事件本身的基础上，做一些普遍意义上的反思），当然事件分析与启示部分融合在一起写也可以。案例的反思一定全面深刻，更强调理性。

2. 叙事更强调叙述，案例更强调分析。叙事一般只需要把自己在教育教学实践中发生的有意义、有价值的故事记录下来就可以了。至于理性反思，可以在文中直接表达，但往往是即时而发，三言两语，可谓点睛之笔，也可在文末单独成段阐述，也可夹杂在行间，一般都不需要长篇大论。

但案例在叙事的基础上必须进行理性的反思，案例只是基础和铺垫，对案例的分析才是重点，它除了对事件本身的直接评点外，还需要归纳出一些具有普遍意义的规律。从这个意义上讲，叙事更生活化，案例更研究化。

3. 叙事研究一般只叙述一个故事。但案例研究可以对一个事件进行分析，也可以对同一主题的几个事件进行分析。也就是说，在案例分析中可以同时串联几个事件，然后进行同一主题的分析探究。在案例写作形式上，可以事件 1＋分析＋事件 2＋分析＋综合分析，也可以事件 1＋事件 2＋分析。

4. 叙事强调事件的完整性，而案例可以是事件中的某个片段，强调局部的完整。

5. 叙事中对事件的记录强调形象生动的描述，需要场景描写、心理描写、语言描写等，强调情节的生动、矛盾的冲突、人物形象的刻画和情感的渲染，其实还是蛮需要一定的文学功底的。但案例中对事件的记录可以生动描述，但也可以采用白描手法，甚至用说明的形式，对教学片段的案例分析，采用教学实录的形式也未尝不可。

教育调查报告

教育调查报告是实习生在教育实习期间对某种教育现象调查后，经过整理分析写成的文字材料。

一、教育调查报告的主要内容

调查报告的写作一般包含选题的目的及意义（前言）、调查经过与内容（主体）、结语三个部分。

第一部分，对选题意义、调查对象、方法的介绍。介绍选题是要表明你的文章是有现实意义的，是有价值的；介绍调查对象和调查方法，是要表明你使用的方法是科学的，文中的材料是真实可靠的。这部分内容在文章开头，要求简明概括。

第二部分，可根据调查的性质和材料决定不同的写法。例如事件调查常常根据事件的发展过程来写，从事件的发生、发展经过、结果与影响，到处理这一事件的方法与建议。而经验调查往往省略过程描述，只根据调查所得的基本经验逐条叙述。另外，也可以根据调查所得的基本结论，从多方面举例加以说明。总之，这一部分要充分反映调查的收获。最好能用简单的统计方法对材料进行量化处理，能用统计图表显示的要尽可能用统计图表显示。

第三部分，对调查材料进行分析，提出自己的思考或意见、建议。既可以边安排材料边进行分析（夹叙夹议），也可以先安排材料后集中进行分析（先叙后议）。

二、调查报告的结构及其写作

（一）题目

题目一般通过提炼、确切、鲜明的文字概括全篇内容，点明被调查范围。常用的写法有三种：一是类似文章标题的写法，如《农村初中英语教育的现状分析与对策建议》；二是类似公文标题的写法，如《农村中学英语教学情况的调查报告》；三是用正副标题的写法，如《中学生呼唤“七色阳光”——对中学生“厌学”问题的调查与思考》。

（二）引言（导言）

简明扼要地说明调查的目的和意义（这一部分要写问题的提出，说明调查的背景，说明调查的必要性，以及为什么要进行这项调查）、时间、地点、对象与范围（根据课题的要求和调查的目的，确定好调查取样的范围和调查的样本数，写明采用何种方法取样）等，交代调查的方法和内容（写明采用何种方式，如问卷、谈话、访问、调查会等进行调查，如何进行操作，并将整理好的材料用图表或用文字表述出来），使读者对调查报告有总体认识；或提出社会、师生所关注和迫切需要调查了解的问题，以引起关注。要写明是普遍调查或是非普遍调查（重点调查、典型调查、抽样调查），是随机取样、机械取样还是分层取样，调查方式是开调查会还是访问或问卷……以使人相信调查的科学性、真实性，体现调查的价值。

（三）正文

正文是调查报告的主体部分。这部分要把调查获得的大量材料，经过分析整理，归纳出若干项目、条分缕析地叙述，做到数据确凿、事例典型、材料可靠、观点明确。为了增加形象性，使人一目了然，对一些数据要尽可能用图表表示出来。

教育调查报告的内容重点视调查的目的和问题的性质而定。写作安排也应先后有序、主次分明、详略得当。教育调查报告大致有以下几种写法：

第一，按调查的顺序逐点来写；

第二，按被调查单位的人和事的发生、发展和变化的过程来写，以体现其规律性；

第三，将两种事物加以对比，以显示其是非、优劣，找出其差异性；

第四，按内容的特点分门别类，逐一叙述。不论采用哪种写法，最后都要写清楚调查的结果。总结经验、揭露错误、分析原因等，都要以调查结果这一事实为依据，做到客观、求实。

（四）讨论或建议

依据正文的科学分析，可以对结果做理论上的进一步阐述，深入地讨论一些问题，亮出自己的观点，针对调查结果写出对教育教学工作进行改进的意见和措施。

（五）结论

通过逻辑推理，归纳出结论，即简单交待调查研究了什么问题，获得了什么结果，说明了什么问题。

（六）列出参考资料

在写调查报告过程中，参考、引用了哪些资料（包括篇目名称、作者、出版单位、日期），将其列出，目的在于对所写负责，并给读者提供信息，也表示尊重资料作者的劳动。

以上几个部分，写时可以灵活安排，适当合并，无须面面俱到。

实习总结

实习总结是指实习生通过对自己的教育实习活动进行回顾、反省、分析、思考、认识，从中找出经验或教训，从而为日后或他人类似的工作提供借鉴的书面文体。

一、实习总结的分类

实习生的教育教学总结主要包括综合总结和专题总结。综合总结又叫全面总结，只对某项实习工作或整个实习工作做一个比较全面的回顾、反省、分析和思考。既要总结成绩，又要找出差距或不足，并简述今后努力的方向。内容要重点突出，主次分明。这类总结多用于向指导教师或学校反映、汇报。

专题总结是就某一教育教学问题或某重大活动所进行的主题明确、内容集中的回顾、反思和总结。有的偏重于经验的总结，有的偏重于自己的反思和研究的总结。

二、实习总结报告的基本内容

（一）标题

总结的标题一般有两种：一种是以总结的对象直接为题，如《班主任工作总结》，这类标题往往用于综合总结；一种是以主题为正标题，以总结对象为副标题，如《“生情”与“用情”——谈中学语文教师的情感教学》。这种标题两种总结都可以用。

（二）开头

开头部分可以对所总结的经验活动做一简单回顾，使读者对情况的前前后后有个清晰的线索；也可以谈谈与该经验所针对的问题有关的理论背景或现实背景，从而增强该经验的意义和价值，并引起读者注意。

（三）正文

正文包括两个方面的内容。一是教育实习工作的主要内容、工作过程和主要效果。在教育教学实习过程中实习生所做的各项工作都是总结的素材。但撰写总结时应经过精心选择，所精心选择的事实、现象应按一定的逻辑关系组织起来，使之成为有规律的、易于为人所接受的东西。内容的组织要依照一定的逻辑关系，可以按照教育过程的先后和环节、步骤间的递进关系安排写作顺序，这是纵向思路；也可按照教育过程中诸因素的并列关系来安排写作顺序，这是横向思路。纵横可以交错。

二是实习生对于做法与效果的理论分析。实习生在总结时可以提升到理论的高度来分析、思考所发现的现象和所做的工作，分析这些事实现象的原因、意义和作用，找出它们之间的联系和规律，这样才能增强经验的科学性和价值。理论上的分析可以以体会的形式列出几点，也可以穿插在上一部分关于做法、效果的介绍中。

（四）结尾

这一部分主要是对于今后发扬成绩、克服不足、完善经验的设想或建议。这部分内容无须多费笔墨，稍为谈谈即可。根据实际情况，这部分也可以略去。

教育教学类文章排版格式

文章标题(大标题)字体为宋体,小三,加粗,居中;一级标题序号用汉字数字,字体为仿宋,小四,加粗,首行缩进2字符;二级标题序号用汉字数字加括号,字体仿宋,小四,首行缩进2字符;三级标题序号用阿拉伯数字(加原点),字体为仿宋,小四,首行缩进2字符;四级标题序号用阿拉伯数字加括号,字体为仿宋,小四,首行缩进2字符。

文章正文:小四、仿宋,两端对齐,正文首行缩进2字符,段前段后行间距0,正文行间距固定值22。大标题和正文间空1行。

打印要求:统一用A4大小纸张;上下边距2.54厘米,左右边距3.17厘米。

其他未尽事宜(如参考文献或需要加注释),参考学术论文相关要求。

第五部分

教育实习考核与评价

JIAOYU SHIXI KAOHE YU PINGJIA

岭南师范学院教育实习鉴定表

姓　　名：　　　　　　　　　　　　院　、系：

专　　业：　　　　　　　　　　　　班　　级：

实习单位：　　　　　　　　　　　　填表日期：

<table>
<tr><td>实习时间</td><td colspan="2">月　日至　月　日；请假　天，旷工　天</td><td>实习学科</td><td></td></tr>
<tr><td rowspan="6">实习教案名称</td><td></td><td colspan="3"></td></tr>
<tr><td></td><td colspan="3"></td></tr>
<tr><td></td><td colspan="3"></td></tr>
<tr><td></td><td colspan="3"></td></tr>
<tr><td></td><td colspan="3"></td></tr>
<tr><td></td><td colspan="3"></td></tr>
<tr><td>组织重要班级活动</td><td colspan="4"></td></tr>
<tr><td>教育研究论文题目</td><td colspan="4"></td></tr>
<tr><td>实习生自我鉴定</td><td colspan="4">（介绍实习的内容与过程，重点概括本人实习过程中的收获与感受，分析自己存在的不足，改进的主要措施，可附页）

实习生（签名）：
______年___月___日</td></tr>
</table>

一、教学工作评价(由实习学校学科教学指导教师填写)

评价项目	评定依据	评价分数
师德与专业理念 (满分20分)	1.热爱教育事业,关爱学生,尊重学生人格。 2.为人师表,举止文明礼貌,乐观热情。 3.教学准备充分,认真开展备课试讲活动。 4.虚心学习,不断进取,及时调整教育教学行为,改进工作。	
专业知识 (满分30分)	1.了解学生身心发展的特点、规律,掌握帮助学生身心发展及学习成长的方法。 2.熟悉中学(小学、幼儿园)教育教学的目标、任务、内容、要求和基本原则。 3.掌握所教学科知识体系、基本思想和方法;了解所教学科与其他学科、社会实践的联系。 4.熟悉并掌握所教学科课程标准,掌握针对具体学科内容进行教学的理念、方法与策略。 5.具有相应的自然科学、人文社会和现代教育技术知识。	
专业能力 (满分40分)	1.科学设计教学目标和教学过程,教学重点、难点突出,时间分配合理。 2.重视学生个性差异和能力培养,通过启发式、探究式、讨论式、参与式等多种方法,有效实施教学。 3.合理使用板书与现代教学手段,有效控制教学过程。 4.注重科学性与思想性的统一,理论联系实际,无知识性错误,能进行正确的价值观引导。 5.讲授条理清楚,教学语言规范生动,教学演示规范恰当。 6.掌握多元评价方法促进学生发展,正确营造良好学习气氛,激发与保护学生兴趣。 7.作业批改认真细致,注意科学性与教育性。 8.能对教学过程、教学效果等进行客观的评价和反思。	
综合表现 (满分10分)	教学效果好,有一定的教学风格。	

简评:

等级:______ 合计得分____________________ 指导教师签字:

二、班主任工作评价(由实习学校班主任工作指导教师填写)

评价项目	评价依据	评价分数
师德与专业理念(满分20分)	1. 热爱教育事业,关爱学生,尊重学生人格。 2. 为人师表,举止文明礼貌,乐观热情。 3. 积极主动配合班主任工作指导教师,尽快熟悉和掌握所在班级情况。 4. 虚心学习,不断进取,及时调整教育教学行为,改进工作。	
专业知识(满分30分)	1. 了解学生身心发展的特点、规律,掌握帮助学生身心发展及学习成长的方法。 2. 熟悉中学(小学、幼儿园)教育教学的目标、任务、内容、要求和基本原则。 3. 基本掌握班级集体建设与班级管理的策略与方法。 4. 熟悉召开班会(包括主题班会)、开展班级活动的一般程序与要求。 5. 了解学生的世界观、人生观、价值观形成的过程及其教育方法,了解学生群体的文化特点与行为方式。	
专业能力(满分40分)	1. 能建立良好的师生关系,帮助学生建立良好的同伴关系。 2. 在指导教师的指导和帮助下,能有序、有效开展班级日常工作,积极组织、参与学生卫生打扫、出操等学生活动。 3. 在指导教师的指导和帮助下,能独立组织班会(包括主题班会)和班团活动。 4. 能根据学生特点,在指导教师指导下指导学生品德、理想、心理、学业等多方面的发展,有针对性地组织有益身心健康发展的教育活动。 5. 能妥善应对突发事件。	
综合表现(满分10分)	班主任工作效果好,受到学生的欢迎和肯定。	

简评:

等级:________ 合计得分________________ 指导教师签字:

年 月 日

三、教育教学研究工作评价（由校内指导教师填写）

评价依据	评价分数
1. 积极参与实习单位各种教研活动。 2. 能理论联系实际，制订教育研究计划，开展教育研究活动。 3. 独立完成一篇教育研究类文章，观点鲜明，内容充实，有现实意义或应用价值。	
简评： 等级：________ 成绩：____________________ 指导教师签字： 年 月 日	

四、实习生综合鉴定（由实习学校负责人填写）

实习学校负责人对实习生教学工作、班主任工作和实习态度的综合鉴定意见： 等级：________ 成绩____________________ 负责人签字： （实习学校盖章） 年 月 日

五、实习生教育实习成绩总评

校内指导教师评价	等级：________ 成绩____________________ 校内指导教师（签字）： 年 月 日
二级学院审定成绩	等级：________ 成绩：____________________ 学院负责人（签章）： 年 月 日（学院盖章）

注：①教育实习成绩按百分制计分，百分制换算成五级制标准，即优（90～100分）、良（80～89分）、中（70～79分）、及格（60～69分）和不及格（60分以下）；②实习生教育实习成绩以二级学院实习领导小组学院最终审定成绩为准，优秀率一般不超过所在专业实习生总人数的25%；③本书中此表仅为样本，实习前教务处统一将此表分发至各班。

岭南师范学院教育实习优秀实习生评选办法

为加强教育实习管理,充分调动实习学生实习工作的积极性,全面提高我校教育实习质量,特制定本办法。

一、评选原则

(一)坚持公开性原则。公开文件,公开数量,公开标准,公开被评选结果。

(二)坚持民主性原则。不由部门指定,不由领导指定,通过专家严格考核或群众民主选举产生。

(三)坚持客观考评原则。根据明确规定的考评标准,针对客观考评资料进行评价,尽量避免渗入主观性和感情色彩。

(四)坚持发展性原则。评选的目的旨在树立典型、表彰先进,激励师范生努力提升自身的专业素养。

二、评选条件

(一)当年度按学校要求参加教育实习的学生,均可参加评选。

(二)实习态度端正,遵纪守法,热爱集体,团结协作,热爱学生,为人师表。

(三)圆满完成各项实习任务,认真履行《岭南师范学院教育实习管理办法》,按照实习指导计划认真实习,各项实习教学文件填写真实、齐全、规范。

(四)实习效果好,实习工作得到了实习指导教师、实习学校和所教学生的较高评价;教学工作评价、班主任工作评价和教育教学研究工作评价均在良好以上,其中两项至少为优秀。

(五)综合能力强。能积极参与实习学校教育教学改革,并得到了实习学校的肯定;积极为实习集体服务,为实习集体作出了明显的贡献。

三、评选方法

(一)评选时间。

1. 二级学院在实习结束前三周内完成院内评选。

2. 学校在每年的5月底审核评定,并表彰奖励。

(二)评选步骤。

1. 实习结束后,各二级学院严格按照《岭南师范学院教育实习管理办法》校内指导教师工作职责以及《岭南师范学院教育实习优秀实习生评选办法》要求的评选条件,根据岭南师范学院学生教育实习鉴定表,评选优秀实习生。

2. 二级学院按当年度实习总人数10%的比例择优向学校推荐优秀实习生;被推荐的实习生填写岭南师范学院教育实习优秀实习生申报表(附件1,并附相关佐证材料和个人总结)。

3. 教务处根据二级学院推荐情况、被推荐学生申报情况以及教务处检查情况等方面组织专家组审核确定校级优秀实习生。

4.评选数量。

根据年度实习学生总数的10%确定年度校级优秀实习生。

5.结果确认、表彰奖励。

(1)评选结果在学校网站和二级学院(系)宣传栏中进行公示。

(2)经公示后的名单报学校教育实习领导小组批准生效。

(3)学校表彰奖励。

四、岭南师范学院教育实习优秀实习生评选量化评分表

学生姓名:＿＿＿＿＿＿＿＿　　　　所属院(系):＿＿＿＿＿＿＿＿

序号	评价项目	评价依据	评价得分	
1	师德表现	凡有实习学校或学生反映有思想品德问题和违纪违法现象并经查实的,不予评选。没有完成校外16周实习的不予评选;请假超过一个星期的不予评选。		
2	任务完成情况(30分)	有工作总结(5分)		
		按要求提交教案(5分)		
		按要求提交主题班会设计方案(5分)		
		按要求提交教育教学类研究文章(5分)		
		听课评课不少于16节(5分)		
		实习日志不少于90个(5分)		
3	实习效果(50分)	班主任工作实习良好(15分)		
		教学工作实习优秀(25分)		
		教育研究工作实习良好(10分)		
4	突出成绩(20分)	参与实习学校教育教学改革或其他工作,取得突出成绩(10分)		
		积极为实习集体服务,为实习集体做出明显贡献(10分)		
合计				

日期:＿＿＿＿年＿＿＿月＿＿＿日

附件 1

岭南师范学院教育实习优秀实习生申报表

姓名	院（系）	专业	班别	学号
总评成绩	课堂教学成绩	班主任工作成绩	教研成绩	实习职务
主要优秀事迹	实习生签名：　　年　月　日			
校内实习指导教师意见	签名：　　年　月　日			
二级学院领导小组意见	签名：　　盖章：　　年　月　日			
学校领导小组意见	签名：　　盖章：　　年　月　日			

说明：①该表存入学生个人档案，要求用钢笔认真填写；②本书中此表仅为样本，如需使用请在岭南师范学院实践教学网页上自行下载或依照此表样式自制打印。

岭南师范学院教育实习优秀实习指导教师评选办法

（试行）

为加强教育实习管理，充分调动教育实习指导教师及管理人员的工作积极性，全面提高我校教育实习质量，特制定本办法。

一、评选原则

（一）坚持公开性原则。公开文件，公开数量，公开标准，公开被评选结果。

（二）坚持民主性原则。不由部门指定，不由领导指定，通过专家严格考核或群众民主选举产生。

（三）坚持客观考评原则。根据明确规定的考评标准，针对客观考评资料进行评价，尽量避免渗入主观性和感情色彩。

（四）坚持发展性原则。评选的目的旨在树立典型、表彰先进，激励指导教师努力提升自身的专业素养。

二、评选条件

（一）各二级学院（系）聘任的校内指导教师，均可参加评选。

（二）政治素质、职业道德高。认真执行党和国家的方针、政策，积极参与学校的改革和各项活动，具有良好的职业道德和敬业精神，热爱实习管理工作，遵纪守法，服从领导，热爱集体，团结协作，踏实做好本职工作，为人师表。

（三）实习教学规范执行好。认真履行《岭南师范学院教育实习管理办法》，按照实习指导计划进行实习指导教学，各项实习教学文件填写真实、齐全、规范。

（四）实习指导效果好。关心爱护学生，掌握学生全程实习情况，在指导实习教学过程中做出显著成绩。

（五）学生、实习学校评价高。实习指导教师的实习指导工作得到了实习学生和实习学校的较高评价。

（六）开拓能力强。能积极参与实习学校教育教学改革，并得到了实习学校的肯定；在协同育人，服务或引领基础教育方面取得了较好的成绩。

三、评选方法

（一）评选时间。

1. 二级学院在实习结束后三周内完成院内评选。

2. 学校在每年的5月前审核评定，并表彰奖励。

（二）评选步骤。

1. 实习结束后，各二级学院严格按照《岭南师范学院教育实习管理办法》校内指导教师工作职责以及《岭南师范学院教育实习优秀实习指导教师评选办法》要求的评选条件，根据岭南师范学院教育实习指导教师院系评价量化评分表(见附件1),评选优秀指导教师。

2. 二级学院按当年度教育实习校内指导教师总数的15%择优向学校推荐优秀实习指导教师;被推荐的实习指导教师填写岭南师范学院教育实习优秀实习指导教师申报表(见附件2,附相关佐证材料和个人总结)。

3. 实习结束后,实习生按教务处安排网络评价实习指导教师。

4. 教务处根据二级学院推荐情况、被推荐指导教师申报情况、学生评价情况(具体评价指标见岭南师范学院教育实习指导教师学生评价量化评分表(见附件3))、实习学校评价(具体评价指标见岭南师范学院教育实习工作评价表)以及教务处检查情况(具体评价指标见岭南师范学院教育实习优秀实习指导教师评选量化评分表)等方面组织专家评选校级优秀实习指导教师。

5. 评选数量。

数量不限。

6. 结果确认、表彰奖励。

(1)评选结果在学校网站和二级学院(系)宣传栏中进行公示。

(2)经公示后的名单报学校教育实习领导小组批准生效。

(3)学校表彰奖励。

四、岭南师范学院教育实习优秀实习指导教师评选量化评分表

指导教师姓名:________________　　所属院(系):________________

序号	评价项目	评价依据	评价得分	
1	思想品德	凡有实习学校或学生反映有思想品德问题并经查实的,一票否决。		
2	任务完成情况(40分)	(1)有工作计划总结(5分)		
		(2)每周召开一次例会(5分)		
		(3)教案批改不少于20人次(5分)		
		(4)指导主题班会不少于20人次(5分)		
		(5)指导学生开展教育教学研究(5分)		
		(6)听课(评课)20人次(5分)		
		(7)按时提交所有实习材料(5分)		
		(8)实习成绩评定(5分)		
3	学生评价(30分)	见岭南师范学院教育实习指导教师学生评价量化评分表(网评)		
4	实习学校评价(15分)	见岭南师范学院教育实习工作评价表		
5	院系评价(15分)	见岭南师范学院教育实习指导教师院系评价量化评分表(网评)		
6	突出成绩(10分,此项目为加分)	如:开拓实习基地,开拓就业岗位,指导学生获奖,参与基地建设有明显成果,等等		
合计				

日期:________年________月________日

附件 1

岭南师范学院教育实习指导教师院系评价量化评分表

(请在评价栏里打“√”)

序号	评价内容及分值(15 分)	等级		
		好	较好	差
		3	2	1
1	师德规范、敬业负责(3 分)			
2	执行实习计划,完成实习各项任务(3 分)			
3	管理、协调及解决问题的能力(3 分)			
4	对学生思想、生活关心度以及指导学生实习勤勉度(3 分)			
5	积极开拓实习基地,加强与基地合作(5 分)			

评价得分:

日期:__________年__________月__________日

附件 2

岭南师范学院教育实习优秀实习指导教师申报表

<table>
<tr><td>姓名</td><td></td><td>职称</td><td></td><td>所在学院</td><td></td><td>指导实习生人数</td><td></td></tr>
<tr><td colspan="2">指导实习日期</td><td colspan="6">年 月 日至 年 月 日</td></tr>
<tr><td>主要优秀事迹</td><td colspan="7">签字: 年 月 日</td></tr>
<tr><td>学院意见</td><td colspan="7">签名: (盖章) 年 月 日</td></tr>
<tr><td>学校意见</td><td colspan="7">签名: (盖章) 年 月 日</td></tr>
</table>

注:本书中此表仅为样本,如需使用请在岭南师范学院实践教学网页上自行下载或依照此表样式自制打印。

附件 3

岭南师范学院教育实习指导教师学生评价量化评分表

（请在评价栏里打"√"）

指导教师姓名：

序号	评价内容及分值(30 分)	等　级				
		非常满意	满意	较满意	基本满意	不满意
		(5 分)	(4 分)	(3 分)	(2 分)	(1 分)
1	师德规范、敬业负责					
2	教育、管理、协调能力					
3	指导学生实习勤勉度					
4	业务指导熟悉度					
5	对学生思想、生活关心度					
6	解决学生实习问题的态度及效度					

评价得分：

日期：＿＿＿＿年＿＿＿＿月＿＿＿＿日

岭南师范学院教育实习优秀实习队(小组)评选办法

为加强教育实习管理,充分调动实习学生实习工作的积极性,全面提高我校教育实习质量,特制定本办法。

一、评选原则

(一)坚持公开性原则。公开文件,公开数量,公开标准,公开被评选结果。

(二)坚持民主性原则。不由部门指定,不由领导指定,通过专家严格考核或群众民主选举产生。

(三)坚持客观考评原则。根据明确规定的考评标准,针对客观考评资料进行评价,尽量避免渗入主观性和感情色彩。

(四)坚持发展性原则。评选的目的旨在树立典型、表彰先进,激励师范生努力提升自身的专业素养。

二、评选条件

(一)当年度按学校要求参加教育实习的实习队(小组),均可参加评选。

(二)实习队(小组),指同一专业在同一实习学校超过3人以上的团队,并有健全的、合适的管理制度。

(三)团队成员具有较高的思想素质,实习态度端正,实习目的明确,在整个实习过程中无任何违纪的不良现象。

(四)团队成员之间集体观念强,团结友爱,互帮互助,具有集体主义荣誉感。

(五)团队成员圆满地完成了各项实习工作,实习成绩优良;积极配合、参与实习学校工作,获得实习学校好评。

(六)团队开展有特色的工作,并取得了明显成绩。

三、评选方法

(一)评选时间。

1. 二级学院在实习结束后三周内完成院内评选。

2. 学校在每年的5月前审核评定,并表彰奖励。

(二)评选步骤。

1. 实习结束后,各二级学院严格按照《岭南师范学院教育实习管理办法》有关内容以及《岭南师范学院教育实习优秀实习队(小组)评选办法》,评选优秀实习队(小组)。

2. 二级学院择优向学校推荐优秀实习队(小组)2~3个;被推荐的实习队(小组)填写岭南师范学院教育实习优秀实习队(小组)申报表(见附件1,并附相关佐证材料和个人总结)。

3. 教务处根据二级学院推荐情况、被推荐队(小组)申报情况以及专家组审核确定校级优秀实习队(小组)。

4. 评选数量:数量不限。

5. 结果确认、表彰奖励。

(1)评选结果在学校网站和二级学院(系)宣传栏中进行公示。

(2)经公示后的名单报学校教育实习领导小组批准生效。

(3)学校表彰奖励。

四、岭南师范学院教育实习优秀实习队(小组)评选量化评分表

序号	评比项目	评价依据	评分
1	师德表现	成员无任何违背师德和违纪违法言行,队组无任何因工作不当导致的安全事故。否则,不能参与评选。	
2	实习成绩 (20分)	1. 团队成员实习成绩总评都在良好以上。 2. 团队成员都能按质按量按时完成各项工作任务。	
3	组织工作 (60分)	1. 坚持集体备课、听课、评课。 2. 检查每周召开一次工作总结和安排部署的例会。 3. 团队建有交流分享实习成果和感受的平台。 4. 团队能定期开展教育教学经验交流会或公开课活动。 5. 团队成员之间能相互帮助、相互友爱,集体观念强。 6. 队组建立了内部管理制度,并形成文件。	
4	实习效果 (20分)	1. 积极开展各项工作,受到实习学校好评,实习队(小组)工作整体评价在良好以上。 2. 积极开展特色工作,并取得了明显的效果。	
5	总分		

附件 1

岭南师范学院教育实习优秀实习队(小组)申报表

<table>
<tr><td colspan="2">实习学校名称</td><td></td><td>专业名称</td><td></td></tr>
<tr><td colspan="2">班级</td><td></td><td>指导小组组长</td><td></td></tr>
<tr><td colspan="2">小组成员</td><td colspan="3"></td></tr>
<tr><td>主要优秀事迹</td><td colspan="4">组长签字:　　　　　　　年　月　日</td></tr>
<tr><td>学院意见</td><td colspan="4">签名:　　　　(盖章)　　　　年　月　日</td></tr>
<tr><td>学校意见</td><td colspan="4">签名:　　　　(盖章)　　　　年　月　日</td></tr>
</table>

注:本书中此表仅为样本,如需使用请在岭南师范学院实践教学网页上自行下载或依照此表样式自制打印。

岭南师范学院教育实习优秀教育研究类文章评选办法

为加强教育实习管理，充分调动实习学生实习工作的积极性，全面提高我校教育实习质量，特制定本办法。

一、评选原则

(一)坚持公开性原则。公开文件，公开数量，公开标准，公开被评选结果。

(二)坚持民主性原则。不由部门指定，不由领导指定，通过专家严格考核或群众民主选举产生。

(三)坚持客观考评原则。根据明确规定的考评标准，针对客观考评资料进行评价，尽量避免渗入主观性和感情色彩。

(四)坚持发展性原则。评选的目的旨在树立典型、表彰先进，激励师范生努力提升自身的专业素养。

二、评选条件

1.凡是本年度按《岭南师范学院教育实习管理办法》要求完成的教育教学研究类文章都可以参评。

2.文章必须是本年度参加教育实习的同学原创作品，必须真实反映实习学教育教学实践的过程、思考和认识。

3.文章材料、数据真实，没有弄虚作假。

4.教育调查报告、教育总结每篇不少于4000字；其他类文章不足4000字的可以以共同主题组成一组文章，总数不少于4000字。

5.文章格式规范，排版符合教育教学科研类文章规定格式。

三、评选方法

(一)评选时间。

1.二级学院在实习结束后三周内完成院内评选。

2.学校在每年的5月前审核评定，并表彰奖励。

(二)评选步骤。

1.实习结束后，各二级学院严格按照《岭南师范学院教育实习管理办法》有关内容以及《岭南师范学院教育实习优秀教育研究类文章评选办法》，评选优秀教育研究类文章。

2.二级学院按当年度实习总人数的10%的名额向学校推荐优秀教育研究类文章；被推荐的学生填写《岭南师范学院教育实习优秀教育研究类文章申报表》。

3.教务处根据二级学院推荐情况、被推荐学生申报情况以及专家组审核确定校级优秀教育研究类文章。

4.评选数量：数量不限。

5.结果确认、表彰奖励。

(1)评选结果在学校网站和二级学院(系)宣传栏中进行公示。

(2)经公示后的名单报学校教育实习领导小组批准生效。

(3)学校表彰奖励。

四、岭南师范学院教育实习优秀教育研究类文章评选量化评分表

序号	评比项目	评价依据	评分
1	字数及篇幅	教育调查报告、教育总结每篇不少于4000字;其他类文章不足4000字的可以以共同主题组成一组文章,总数不少于6000字。	
2	选题 (20分)	1. 符合教育教学实际,有针对性和现实意义。 2. 切合实习生实习体验,对教育实习有指导意义或借鉴意义。	
3	内容 (40分)	1. 内容真实,反映学生教育教学实践的过程、思考和认识。 2. 观点鲜明正确,内容健康,具有科学性和反思性。 3. 材料、数据具体、真实,无弄虚作假行为。 4. 叙事典型生动,记录描述细致全面,反思深入理性,分析深刻全面,建议合理可行。	
4	表现形式 (30分)	1. 整体符合文体要求。 2. 层次清楚、思路清晰、逻辑性强、结构完整。 3. 语言表达准确流畅、生动明了。	
5	排版格式 (10分)	1. A4纸打印,装订无错误,整体整洁美观。 2. 排版符合教育教学科研类文章规定格式。	
6	总分		

岭南师范学院教育实习优秀教育研究类文章申报表

<table>
<tr><td>姓　　名</td><td></td><td>年级及专业</td><td></td></tr>
<tr><td>文章名称</td><td></td><td>实习学校</td><td></td></tr>
<tr><td>申报理由
(文章背景
及其意义;
文章的特色
及创新点)</td><td colspan="3"></td></tr>
<tr><td>报送学院意见</td><td colspan="3">签字:　　　　　　(盖章)　　　年　　月　　日</td></tr>
<tr><td>学校意见</td><td colspan="3">签字:　　　　　　(盖章)　　　年　　月　　日</td></tr>
</table>

注:本书中此表仅为样本,如需使用请在岭南师范学院实践教学网页上自行下载或依照此表样式自制打印。

岭南师范学院教育实习优秀实习教案评选办法

为加强教育实习管理，充分调动实习学生实习工作的积极性，全面提高我校教育实习质量，特制定本办法。

一、评选原则

（一）坚持公开性原则。公开文件，公开数量，公开标准，公开被评选结果。

（二）坚持民主性原则。不由部门指定，不由领导指定，通过专家严格考核或群众民主选举产生。

（三）坚持客观考评原则。根据明确规定的考评标准，针对客观考评资料进行评价，尽量避免渗入主观性和感情色彩。

（四）坚持发展性原则。评选的目的旨在树立典型、表彰先进，激励师范生努力提升自身的专业素养。

二、评选条件

（一）必须为本年度参加教育实习的同学原创教案，并有此教案实施的情况记录。

（二）形式必须符合教案规范，教案要素齐全，教案书写文字通顺，格式规范。

（三）内容必须反映课程标准理念，反映学科特点。

（四）教学设计有创新，有特色，有个性。

（五）参评教案必须是一个完整的课题教学；如有辅助教学课件，可刻录成光盘作为附件。

三、评选方法

（一）评选时间。

1. 二级学院在实习结束后三周内完成院内评选。

2. 学校在每年的 5 月前审核评定，并表彰奖励。

（二）评选步骤。

1. 实习结束后，各二级学院严格按照《岭南师范学院教育实习管理办法》有关内容以及《岭南师范学院教育实习优秀实习教案评选办法》，评选优秀教案。

2. 二级学院按专业择优向学校推荐优秀教案 2～3 个；被推荐的教案作者填写岭南师范学院教育实习优秀实习教案申报表（见附件 1，可附教学录像、课件、评课记录等相关佐证材料）。

3. 教务处根据二级学院推荐情况、被推荐教案作者申报情况以及专家组审核确定优秀教案。

4. 评选数量：数量不限。

5. 结果确认、表彰奖励。

（1）评选结果在学校网站和二级学院（系）宣传栏中进行公示。

（2）经公示后的名单报学校教育实习领导小组批准生效。

(3)学校表彰奖励。

四、岭南师范学院教育实习优秀实习教案评选量化评分表

序号	评比项目	评价依据	评分
1	教学目标 (16分)	1.描述清晰准确,突出学生学习主体性。 2.符合学科课程标准要求。 3.体现教材特点,反应教材内容。 4.教学重点、教学难点设计合理。	
2	教学方法 (12分)	1.教学方法多元,且符合教学内容特点。 2.教学方法契合教师教学风格和学生学习习惯。 3.教法突出教师的引导性、启发性。 4.学法突出学生的自主性、合作性和探究性。	
3	教学手段 (12分)	1.要求充分体现资源、工具与现代教育技术的应用价值。 2.与教学有高度的相关性,满足教学的要求。 3.工具手段的应用恰当,与教学过程有机融合,对教学过程有优化功能。	
4	教学内容 与过程 (30分)	1.教学环节齐全,教学结构完整。 2.教学思路清晰,充分表达设计意图。 3.教学内容反映教学目标,重点突出,难点突破明确。 4.教师引导、组织教学以及学生的学习、训练等分配合理,语言表达明细、准确。	
5	板书设计 (10分)	1.设计简洁,突出教学重点。 2.设计美观,反映主要教学过程。	
6	书写(打印) (10分)	1.字迹(排版)工整规范,书写正确。 2.页面整洁美观。	
7	课后反思 (10分)	1.真实具体,联系实际。 2.有一定的理论分析和理性思考。	
8	总分		

附件 1

岭南师范学院教育实习优秀实习教案申报表

<table>
<tr><td>姓　　名</td><td></td><td>年级及专业</td><td></td></tr>
<tr><td>教案名称</td><td></td><td>实习学校</td><td></td></tr>
<tr><td>申报理由
（教案特色及
教学效果）</td><td colspan="3"></td></tr>
<tr><td>报送学院意见</td><td colspan="3">签字：　　　　（盖章）　　年　　月　　日</td></tr>
<tr><td>学校意见</td><td colspan="3">签字：　　　　（盖章）　　年　　月　　日</td></tr>
</table>

注：本书中此表仅为样本，如需使用请在岭南师范学院实践教学网页上自行下载或依照此表样式自制打印。

岭南师范学院教育实习情况调查表

（　　　级）

专业	实习生（人）				所在学院安排校内实习指导教师（人）					每生课堂教学实习节数（节）			组织班级活动/(次/人)	实习成绩（人）					实习学校对实习生综合能力评价（人）			
	总人数	高中	初中	小学	总人数	高级	中级	初级	院领导	最高	最少	平均		优	良	中	及格	不及格	优	良	中	差

学院（盖章）：　　　　填表人：　　　　填表时间：　　年　　月　　日

说明：①本书中此表仅为样本，二级学院使用时需在岭南师范学院实践教学网页上自行下载或自制打印；②实习结束后，由二级学院汇总统计上交实践教学科。

岭南师范学院教育实习工作评价表

学院：　　　　　　　　　　专业：　　　　　　　　年级：

<table>
<tr><td colspan="3">实习学校名称</td><td colspan="2"></td><td>接收实习的年级</td><td colspan="6"></td></tr>
<tr><td colspan="3">实习生人数</td><td colspan="2"></td><td>接收实习的班别</td><td colspan="6"></td></tr>
<tr><td rowspan="6">实习生实习效果评价</td><td colspan="2" rowspan="2">评价项目</td><td colspan="2">课堂教学</td><td colspan="3">班主任工作</td><td colspan="2">职业道德</td><td rowspan="2">综合素质
（人数）</td><td rowspan="2">实习队
（小组）
工作整体
评价</td></tr>
<tr><td>专业知识
（人数）</td><td>基本技能
（人数）</td><td>常规工作
（人数）</td><td>个别教育
（人数）</td><td>主题班会
（人数）</td><td>工作态度
（人数）</td><td>实习纪律
（人数）</td></tr>
<tr><td rowspan="4">评价等级</td><td>优（强）</td><td>人</td><td>人</td><td>人</td><td>人</td><td>人</td><td>人</td><td>人</td><td>人</td><td></td></tr>
<tr><td>良（较强）</td><td>人</td><td>人</td><td>人</td><td>人</td><td>人</td><td>人</td><td>人</td><td>人</td><td></td></tr>
<tr><td>中（一般）</td><td>人</td><td>人</td><td>人</td><td>人</td><td>人</td><td>人</td><td>人</td><td>人</td><td></td></tr>
<tr><td>差（较弱）</td><td>人</td><td>人</td><td>人</td><td>人</td><td>人</td><td>人</td><td>人</td><td>人</td><td></td></tr>
<tr><td rowspan="5">岭南师院实习指导教师评价</td><td colspan="2">评价项目</td><td colspan="2">师德高尚，敬业负责
（3 分）</td><td colspan="2">与实习学校的沟通、联系
（3 分）</td><td colspan="2">管理严格，及时处理问题
（3 分）</td><td colspan="2">了解、参与实习学校的教学改革
（3 分）</td><td>实习工作完成的情况
（3 分）</td></tr>
<tr><td colspan="2">好　（3 分）</td><td colspan="2"></td><td colspan="2"></td><td colspan="2"></td><td colspan="2"></td><td></td></tr>
<tr><td colspan="2">较好　（2 分）</td><td colspan="2"></td><td colspan="2"></td><td colspan="2"></td><td colspan="2"></td><td></td></tr>
<tr><td colspan="2">差　（1 分）</td><td colspan="2"></td><td colspan="2"></td><td colspan="2"></td><td colspan="2"></td><td></td></tr>
<tr><td colspan="2">总计</td><td colspan="9">______分</td></tr>
<tr><td colspan="3">对岭南师范学院教育实习的意见或建议</td><td colspan="9"></td></tr>
</table>

实习学校（盖公章）：　　　　　　年　　月　　日

说明：①本书中此表仅为样本，二级学院使用时需在岭南师范学院实践教学网页上自行下载或自制打印；②此表为实习学校对我校实习工作进行评价的表格，由实习学校分专业如实评价、填写；③实习结束后，各二级学院汇总后交教务处存档。

实习日志

_______年____月____日　星期________　天气________

实习日志

_______年____月____日　星期________　天气________

实习日志

________年____月____日　星期________　天气________

实习日志

________年____月____日　星期________　天气________

实 习 日 志

________年____月____日　星期________　天气________

实 习 日 志

________年____月____日　星期________　天气________

实 习 日 志

________年____月____日　星期________　天气________

实 习 日 志

________年____月____日　星期________　天气________

实习日志

________年____月____日　星期________　天气________

实习日志

________年____月____日　星期________　天气________

实习日志

________年____月____日　星期________　天气________

实习日志

________年____月____日　星期________　天气________

实 习 日 志

________年____月____日　星期________　天气________

实 习 日 志

________年____月____日　星期________　天气________

实习日志

________年____月____日 星期________ 天气________

实习日志

________年____月____日 星期________ 天气________

实 习 日 志

________年____月____日　星期________　天气________

实 习 日 志

________年____月____日　星期________　天气________

实习日志

________年____月____日　星期________　天气________

实习日志

________年____月____日　星期________　天气________

实习日志

________年____月____日　星期________　天气________

实习日志

________年____月____日　星期________　天气________

实 习 日 志

________年____月____日　星期________　天气________

实 习 日 志

________年____月____日　星期________　天气________

实习日志

________年____月____日　星期________　天气________

实习日志

________年____月____日　星期________　天气________

实习日志

________年____月____日　星期________　天气________

实习日志

________年____月____日　星期________　天气________

实 习 日 志

________年____月____日　星期________　天气________

实 习 日 志

________年____月____日　星期________　天气________

实习日志

________年____月____日　星期________　天气________

实习日志

________年____月____日　星期________　天气________

实 习 日 志

________年____月____日　星期________　天气________

实 习 日 志

________年____月____日　星期________　天气________

实 习 日 志

________年____月____日　星期________　　天气________

实 习 日 志

________年____月____日　星期________　　天气________

实 习 日 志

________年____月____日　星期________　天气________

实 习 日 志

________年____月____日　星期________　天气________

实 习 日 志

______年____月____日　星期______　天气______

实 习 日 志

______年____月____日　星期______　天气______

实习日志

________年____月____日　星期________　天气________

实习日志

________年____月____日　星期________　天气________

实习日志

________年____月____日　星期________　天气________

实习日志

________年____月____日　星期________　天气________

实习日志

________年____月____日　星期________　天气________

实习日志

________年____月____日　星期________　天气________

实 习 日 志

________年____月____日　星期________　天气________

实 习 日 志

________年____月____日　星期________　天气________

实习日志

________年____月____日　星期________　天气________

实习日志

________年____月____日　星期________　天气________

实习日志

________年____月____日　星期________　天气________

实习日志

________年____月____日　星期________　天气________

实习日志

________年____月____日　星期________　天气________

实习日志

________年____月____日　星期________　天气________

实 习 日 志

________年____月____日　星期________　天气________

实 习 日 志

________年____月____日　星期________　天气________